From Interest to Taste

以文藝入魂

一位年輕博物學家的日記

Dara McAnulty
達拉・麥克阿納蒂
楊雅婷 譯

DIARY OF A YOUNG NATURALIST

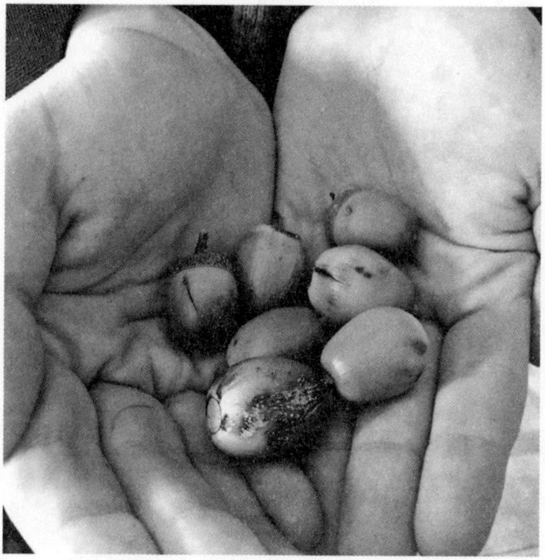

目次

給我的家人

序

這本日記記述我的世界的流轉，由春至冬，在家，在野外，在我腦中。它從北愛爾蘭西部的弗馬納郡[1]遷移到東部的唐郡[2]。它記錄一個家被連根拔起，換到不同的郡和地景，我的感官與思想也不時受到震撼而鬆動了根基。我是達拉[3]，男孩，一顆橡實。當我還是個嬰孩，媽媽都喚我「龍豆夫」(lon dubh，愛爾蘭語的「歐亞烏鶇」)，現在她有時仍這麼叫我。我有博物學家的心靈，準科學家的頭腦，而且從骨子裡為人類對自然界的冷漠和破壞感到厭倦。傾吐在這些篇頁上的文字，表達了我與野生動植物的連繫，試圖解釋我看待世界的方式，並描述我們一家人如何齊心度過一場場風暴。

開始寫這本日記的時候，我住在一幢非常簡樸的平房裡，左鄰右舍都是大門緊閉、不讓小孩出來玩的家庭，或是用剪刀修剪花園和草坪的空巢族——沒錯，我曾親眼目睹。在這裡，一個個句子開始成形，驚奇與挫折互搏版面，而我們的花園（不像這條無尾巷裡的其他任何花園）在春、夏數月間變成一片草地，野花綻放，昆蟲孳集，長草叢裡豎起一面「蜂宿」[4]的招牌；我們一家在這兒花了無數個鐘頭觀察其他花園缺乏的豐饒，對於偶爾出現在窗簾後聳眉側目的鄰居，我們全都堂而皇之地視若無睹。

自那之後，我們有了新的發展，跨越北愛爾蘭到另一端建立新家，這也不是頭一遭。在我短暫的人生中，我們住過許多地方，過著游牧般的生活。但無論落腳何處，家裡總是充斥著書本、骷髏頭、羽毛、政治、暢所欲言的辯論、淚水、歡笑和喜悅。有些人相信有房產才能生根，但我們的根蔓延如菌絲的網絡，連結到萬物共生的生命之泉，因此無論到哪裡都不會飄零失所。

我父母皆出身勞工階層，是兩邊家族的第一代大學生和研究生，他們依然滿懷理想，要讓世界變成更好的地方。這表示我們在物質上並不寬裕，但正如媽媽所言，「在其他許多方面都很富足」。爸爸是科學家（之前是海洋學家，現在是保育生物學家），一路走來始終如一。他為荒野蘊藏的祕密和知識注入活力，並對我們解釋大自然的奧祕。媽媽的職涯路徑就像她渡溪的方式：從不走直線。音樂記者、公益組織、學術研究——她依然涉足上述每個領域，同時為我九歲的妹妹布拉妮

（Bláthnaid）規劃自學課程。布拉妮的名字意指「盛開的花朵」，目前她是自然小精靈專家，能隨口說出一堆昆蟲知識，養寵物蝸牛，並修理屋內的所有電器（令媽媽嘖嘖稱奇）。我還有個十三歲的弟弟，名叫洛爾坎（Lorcan），意為「凶猛者」。洛爾坎是無師自通的音樂家，總能在我們心中同時激起絕妙又困惑的感受。他也對腎上腺素上癮——熱愛急衝下坡、從斷崖縱躍入海，通常以中子星[5]的能量度日。接下來是蘿西（Rosie）：一隻有嚴重脹氣的搜救格雷伊獵犬（rescue greyhound），身披斑紋大衣，二〇一四年被我們收養。她是我家的老虎狗。我們叫她活靠墊，是最佳陪伴，紓壓高手。而我，我是滿腹憂思的那個，雙手老是髒兮兮，口袋塞滿各種死東西，偶爾還有動物糞便。

著手寫這本日記之前，我也曾在網路上寫部落格。不少人喜歡我的文字，也不只一次說我該寫書。這真是挺不可思議的，因為有個老師曾對我爸媽說：「你兒子永遠無法做完一份閱讀理解練習卷，更別說把句子串成段落。」結果我們卻走到這一步。我的聲音汩汩湧出，如火山噴發，所有的挫折和熱情都可能隨書寫而爆發到世界上。

我們一家人不僅血脈相連，也全都是自閉症者，除了爸爸——他才是那個異類，同時也是我們賴以解構各種不只在自然界、還有人世間奧祕的人。我們共同造就了一個古怪而混亂的團體，顯然還挺威的。我們像水獺一樣親密，彼此依偎，相互扶持，在世界上走出自己的路。

譯注

1 County Fermanagh，位於北愛爾蘭西南部，參見〈詞彙表〉。

2 County Down，得名自愛爾蘭語「dún」，意為「堡壘」，位於北愛爾蘭東南部。郡治唐派翠克（Downpatrick）與作者的家族有長遠淵源，參見〈詞彙表〉「McAnulty」條。

3 Dara，有橡木之意，參見〈詞彙表〉。

4 Bee and Bee，與民宿標誌「B & B」（Bed and Breakfast：住宿附早餐）諧音。

5 neutron star，恆星以超新星爆炸結束其生命週期後，剩餘的核心坍塌，劇烈壓縮使電子併入質子轉化成中子，中子星密度非常高，自轉速率極快，並產生巨大的能量。

春

黑暗裡，我的夢境被打斷。笛音捕捉到我的意識時，我正泅向表面，要浮上來換口氣。臥室的牆消失了。床與花園間的空隙變窄，終至合一。我起身，卻為睡眠的沉重所壓，無法動彈。音符不斷落在我胸膛上。此刻我能在腦中看見那隻烏鶇，隨著宣示地盤的奏鳴曲傳遍黎明，牠淬染雄激素的鏃矢也漫天飛舞。我的大腦沉浸在這首交響樂中，清醒而思索著，開始颼颼作響。

春天因空間而異，但對我來說，最具魔力的是那些景象和聲響，從天空到樹根，環繞著我的每一天旋轉。春天是我們剛住進這房子時，穿越通道的那隻青蛙——初次邂逅，只見到倏忽留在路上的一灘卵，牠隱形的途徑被現代設施侵占。難過之餘，我們不放棄希望，掘出一個濡溼的庇護所：埋下一小桶水，擺進破陶罐、小圓石、植物，用些枝條當作出入口；也不確知這麼做有沒有用。（若想挖得更深，就需要器械來鑿穿花園底下的冰礫泥層[1]，那可是我們恩尼斯基林[2]郊區得天獨厚的地質。）次年重逢，我們的兩棲類朋友在草上跳起輕快的吉格舞（jig），還有同伴加入，在水桶庇護所留下蛙卵為贈。我們欣喜若狂，激動的歡呼從山腳下都聽得見，一時淹沒了開往斯萊戈[3]或都柏林的車聲，甚至與附近混凝土工廠的背景噪音分庭抗禮。

光陰的往復不時穿插著熟悉的事物，年年帶來周而復始的驚奇與發現，每一回都彷若初見。那種如漣波蕩漾的興奮從未減退。新鮮的總是柔嫩易感。

當麻雀從簷溝裡剔啄苔蘚，空氣鼓脹如歐亞鴝的胸脯，犬堇菜[4]率先嶄露頭角。蒲公英和毛茛像一束束陽光般冒出，對蜜蜂發出信號：現在安全了，終於可以出來。春天就是要觀賞每一場復甦。布拉妮的慶祝方式是每天數雛菊，等到足夠編成一頂皇冠，她就可以當「春之女王」——倘若還有剩，她會再編一只手環和相配的戒指，湊成三件套。到了某個時刻，宛如變魔術似的，盛放的雛菊足以供應一整星期的飾品需求，於是她在屋裡四處留下雛菊禮物，給我們大家。

不只一次有人告訴我，我是個曙光寶寶，總在拂曉醒來。我誕生於春天，初臨人世的那些早晨有烏鶇雄鳥的奏鳴曲陪伴，滋養成長的身心。也許最先引誘我走向野外的便是牠的歌聲。那是對我的召喚。我常想到聖凱文，奎維恩，想像他站著，伸手輕捧烏鶇巢，直到幼雛羽翼長齊。[5]格倫達洛的奎維恩是在自然中尋求慰藉的隱士。漸漸的，愈來愈多人前來覲見這位聖人，想獲得建議和教誨，修院社群也日益茁壯。

我喜歡奎維恩的故事，或許因為奎維恩也是我在堅振禮[6]上選用的聖名。雖然現在覺得這經驗其實只是一段「成長歷程」，但他的名字對我仍很重要，甚至更勝以往，因為他的故事證明：我們就是忍不住要闖入野地，改變人和自然間的平衡。隨著愈來愈多追隨者到來，奎維恩說不定也這麼覺得。

多麼圓潤的音符。即使從最擁擠的空域，我也能分辨出它們。它們是一切的開端，如此豐盛的覺醒。歌聲載我回到久遠的過去：我三歲，要嘛活在自己的內心世界，不然就活在蠕動、爬行、振翅的野生生物中。我理解牠們全部，卻搞不懂人類。我正在等待晨曦透入父母的房間。洛爾坎蜷臥在爸媽中間。我側耳傾聽，那些音符在第一道光線抵達窗簾時降臨。金色的光影揭露了我一直在等候的形狀：一隻從廚房起居間[7]凝神聆聽的烏鶇，榮耀的信使挺立在睡與醒者共同的屋頂上。

烏鶇來時，我便可鬆一口氣。這表示一天已經開始，就像其他每個日子一樣。世間存在著一種對稱，如鐘錶般精確規律。每天清晨，我都會聆聽並觸摸那些光影，不願拉開窗簾、吵醒大家。我從不想破壞這一刻。我無法邀請其餘的世界進入，連同其喧鬧、嘈雜和混亂。因此我傾聽且觀看——鳥喙與鳥身的細微動作，電話纜線的筆直線條，兩節詩歌的三十秒間隔。

我知道「我的鳥」是雄鳥，因為有次我躡手躡腳地下樓，只那麼一次，想從落地窗向外仰望。天色灰茫，但他在那裡，而且一直都在。我數著每一拍，銘記在心，然後再度躡足上樓，觀賞窗簾上的影戲。每一天，烏鶇指揮著我的日子，似乎持續了很長一段時間。然後牠就不唱了，我以為我的世界會崩解。我得尋找新的甦醒方式，而那便是我學會閱讀的時候。先是關於鳥類的書，接著擴及所有野生動植物。這些書必須具備大量資訊和準確的插圖。它們幫忙銜接我的烏鶇夢，在實質上將我和那隻鳥兒連繫起來。我得知只有烏鶇雄鳥會這麼使勁地唱歌，而且鳥兒唱歌總有理由，像是捍衛領土或吸引伴侶。牠們不是唱給我聽，也不為其他任何人而唱。秋冬時失去那歌聲對我打擊很大，但閱讀讓我明白烏鶇將會回來。

春天觸發你的內心。萬物升騰。除了向上前進別無選擇。光線更充足了，時間更多，活動也更多。過往的每個春天都融入一幅拼貼畫，內容如此豐富，一切重要的皆含具其中。第一個令人難忘的春天是多麼深刻而鮮明：我對牆外和窗外世界的著迷即始於此。春天以溫柔的力道推動每件事物，懇求我傾聽並理解。世界展現出多重向度，而有生以來頭一次，我懂得它。我開始感覺到每個粒子，並能化身其中，直至我和周圍的空間不再有區別。要是這種體驗不老是被飛機、汽車、話語、命令、問題、表情變換和我跟不上的快節奏閒聊打斷就好了。我把自己關閉起來，遠離噪音和製造它的人類世界，而在樹木和鳥兒之間敞開；媽媽經常憑著直覺，在公園、森林和沙灘為我找到幽僻的角落，顯然只有在這些地方，我才得以舒展：臉孔因專注而傾側，表情十分嚴肅，吸收著各種景象、各種聲響。

我突然失去又恢復意識，察覺到外面天色大亮，黎明的合唱已停息。魔咒解除，該上學了。這些日子，感覺好多事都在改變。如今我即將跨入人生的第十四個年頭，而烏鶇指揮著我的日子，仍跟我三歲時一樣重要。我依舊渴望對稱，企求精準。唯一的轉變是另一種覺醒：需要書寫我的日子，我的所見所感。在生活、考試和各種期望（最高的期望來自我自己）的襲擊當中湧出了這些文字，它們逐漸變成一枚齒輪，嵌進寤寐循環與持續運轉的世界。

三月二十一日，星期三

三月降臨本該是色彩萌現、大地回暖的時節，但站在我家花園裡，簡直像被封在雪花水晶球中。冰冷的雪片將昨日的明亮撕咬殆盡。突如其來的寒流讓花園裡的鳥兒吃足苦頭。牠們也是家人，所以我趕緊出門到附近的園藝店買更多麵包蟲[8]，好添滿廚房窗外的餵鳥器；那些餵鳥器離我們足足有十二英尺遠，是為了在鳥鄰居的隱私與侵犯間劃下界線。才幾天前，我們的藍山雀（Blue Tit）還在勘查巢箱，花園裡的鳥鳴宛如一首充滿期待的協奏曲。結果現在變成這樣。鳥類的適應力很強，但此番溫度驟降讓我們全都擔心起來。

實在很難相信，上星期我們還在一棵古老的橡樹枝椏間感覺到溫暖的日子在輕聲細語，那裡是阿奇代爾堡郊野公園[9]，父親上班的地方。許多人都將我對自然的熱愛歸功於他。我的知識和鑑賞力肯定深深得益自他的調教，但我也覺得這連繫應該是打從娘胎便鑄成，那無形的臍帶至今仍滋養著我。天性與教養——想必是兩者混合的結果。它或許是我與生俱來的資質，但若無雙親與師長的鼓勵，以及接觸荒野的機會，也不可能成為日常生活的一部分。

我的名字「達拉」，愛爾蘭語是「橡樹」之意；端坐在這棵參天古木的枝椏上，感覺其生命的脈動——它已在阿奇代爾堡的土壤生長了近五百年——我藉一根嫩枝緊抓住自己的童年。

我看著花園裡的一隻蒼頭燕雀（Common Chaffinch），牠的銀冠上有五彩斑點。牠棲息在我們的柏樹枝頭，那棵常青樹因覆雪而變粉白。一對黃雀（Eurasian Siskin）飛來停在牠旁邊，一隻橙黃與黑色相間，另一隻的黃色更淡雅些，帶有細緻的藍灰斑點，蒼頭燕雀於是鼓起桃紅的胸膛。歐亞鴝（robin）一如往常耀武揚威，高視闊步地嚇阻篡位者。先前發生過一場四雄一雌的混戰，撲翅啄頭，散羽紛飛——歐亞鴝極具攻擊性，據說會咬斷任何對手的脖子，但我懷疑牠們會在遍地是種子、堅果和各種小蟲點心的花園裡這麼做。畢竟大家都可以盡情吃飽。

一隻歐歌鶇（Song Thrush）在雪地裡玩跳房子，四處扒搜我們撒下的種子。吃了一半的紅蘋果被發現：歐歌鶇一啄，汁液滲出，我莞爾而笑。歐歌鶇常在季節中奇怪的時間點出現，這種變化莫測曾令我感到挫折和痛苦。而今我已學會幫難以捉摸的歐歌鶇找理由，且無所牽絆或期待地感謝所有的邂逅。嗯，多多少少吧。

晚上我們幫爸爸慶生，搞得像一場隆冬的祝酒式[10]：大家又唱又跳，吹著錫口笛（吹得很難聽），尖聲長嘯，要求終結黑暗的日子，召喚光明。媽媽特地烤了他最喜歡的維多利亞海綿蛋糕。

三月二十五日，星期日

我發現冬季的末尾令人沮喪，而且這整個等待的過程——等著通過某道傳送門以進入色彩和溫暖——引出我最糟的個性：缺乏耐心！但今天，空氣中的暖意和周遭的嗡嗡聲減輕了我的焦躁。終於，春天似乎正逃離寒冬撤退的陰影。

早上，我們全家一起出發，去我們最喜愛的大犬森林（Big Dog Forest），一座靠近愛爾蘭邊界、距我家約三十分鐘的西卡雲杉造林地（sitka plantation），它高踞山麓，有各自聚生成區的柳樹、赤楊和落葉松，仲夏還有一叢叢山桑子（bilberry）。它的兩座砂岩丘，小犬和大犬，據說是獵犬布蘭（Bran）和西奧蘭（Sceolan）被下咒變成的，這兩頭巨犬的主人是傳奇獵人戰士芬恩·麥克庫爾（Fionn Mac Cumhaill），神話中費奧納（Fianna）族的最後一位領袖。故事裡說：芬恩出外打獵時，兩隻獵犬嗅到邪惡女巫瑪洛特（Mallacht）的氣味，開始追逐她。女巫逃跑，把自己變成鹿以保持領先，但獵犬仍步步撲近，於是瑪洛特施展強大的咒術，將一小一大兩隻狗變成我們今日所見的兩座石丘。

我喜歡這些名稱述說著土地的故事，而講述這些故事也讓往昔常保鮮活。我同樣為地質學家用來破除神話的科學解釋著迷：石丘的砂岩比周圍的石灰岩堅硬，當這塊地在冰河侵蝕下逐漸消失，最後留下的就是砂岩，矗立在冰河時期崩落的碎礫之上。

我發現款冬（coltsfoot），從驚醒的地面綻放一簇簇金黃的陽光。白尾熊蜂（white-tailed bumblebee）貪婪地啜飲並採集花蜜。蒲公英和其菊科的同類經常是春天率先開花的蜜源植物，對於生物多樣性無比重要。我請求每個遇見的人在花園裡留一方野地給這些植物——花費不多，任何人都做得到。當我們的世界堆滿建築，大自然被擠到邊緣，能有所助益的就是這些進行野性抵抗的小塊土地。

有時候，我覺得想法和言詞都堵在胸口——就算被聽見和讀到，會有任何改變嗎？這個念頭刺傷了我，並加入我腦中不斷起衝突的其他想法，即使當我在享受美好的片刻，它們仍纏鬥不休。

歐洲黑喉鴝（Eurasian Stonechat）喀哩喀啦的叫聲把我帶回森林，那是我該在的地方，看著那隻鳥，牠的叫法好似把碎石屑撒上小徑。光線掠過小徑，我凝視地面，體悟到沒有什麼是靜止的。就連一條石徑也會隨光線和飛鳥的剪影而移動和變化。每一刻都是一幅永遠不會完全重複的畫面。我看得入迷，毫不擔心旁觀者會怎麼想，因為此處通常只有我們會來。我可以在這裡做自己。如果我想要，也可以趴下來盯著地面。每當我定睛凝視，總會有生物從我的鼻尖經過：這次是隻鼠婦（woodlouse），不知打哪兒冒出來，悠悠哉哉地往某處去。我伸出指尖給牠，牠弄得我癢癢的。我喜歡手中捧著生物的感覺，甚至不是因為感受到某種連繫，而是好奇心得到滿足。當你仔細觀看，那一刻便會把你吸進去——完美的瞬間，屢試不爽。其他聲響都從四周的空間消失。我移向草叢，輕輕把手指垂到葉片旁：鼠婦隨即消失在地表的植物中。

布拉妮和洛爾坎一路衝向俯臨納布里克波伊湖（Lough Nabrickboy）的丘頂邊崖，爸媽和我信步徐行，聊起在這特別的地方用原生樹種取代西卡雲杉。去年，幾乎在同樣這個時間，我們爬上丘頂，看見四隻黃嘴天鵝[11]齊現的壯麗景象——那是唯一真正的野生天鵝。溫柔而憂傷的身影在潭上優雅地起伏，長頸昂揚。牠們說不定是李爾王的孩子：奧德赫、斐安尼奧拉、菲奧切拉和康恩，受到殘忍的後母阿伊菲詛咒，在德拉瓦拉湖待了三百年，又在莫伊爾海待三百年，最後在伊尼斯格洛拉島再住三百年。[12]

當時我們安靜而緩慢地走向湖畔柳蔭下的野餐桌，牠們沒有飛走，我們默默坐著，滿心敬畏，感到無比榮幸。我心跳加快，緊張得幾乎喘不過氣。天鵝從容不迫地浮游著，直到突然開始引吭長鳴。我的視線被柳樹的禿枝遮擋，因此挪近一點，好看得更清楚。我坐著文風不動，看天鵝為起飛做準備，劃開一圈比一圈大的漣漪：牠們俯首展翅，雙腿隨著身軀挺高而猛力轉動，笨重的蹼槳不斷划擺，產生前衝並升空的推進力。牠們飛走了，吹著號角，儼然如皇家車隊。牠們消逝在西北天際，也許飛向冰島。

從來沒人敢夢想再經歷一次這樣的邂逅吧，我眺望湖面，看得出今天沒有黃嘴天鵝。一片空蕩蕩。

我們繼續朝野餐桌走，我覺得有些消沉。我找到一個位置等候灰澤鵟（Hen Harrier），呆坐著直到天光黯淡。到了該離去的時候，爸媽交換心照不宣的眼神——他們想的當然沒錯，因為我後來一直悶悶不樂，一到家就溜回房間寫東西，暗自神傷。今天沒有黃嘴天鵝。沒有灰澤鵟。

三月三十一日，星期六

我們在傍晚的光線中吹著海風，從東北岸的巴利堡搭渡輪到數英里外的拉斯林島。海鴉（guillemot）[13]與海鷗的尖嘯和咯咯叫此起彼落。我心情十分激動。

今天是我生日，早晨醒來後，在床上躺了好幾個鐘頭，傾聽遠方的一隻狐狸嘶鳴，直到我實際出生的時辰（十一點二十分）。整個星期我都像這樣，極度興奮、緊張，為著我可能永遠無法真正理解的理由。也許是因為我既喜歡又討厭新地方。那些氣味，各種聲音。別人都沒注意到的事物。還有人群。以及是非對錯。一些小事，像是如何排隊上渡輪，或是抵達時我該在拉斯林做什麼。雖然每次旅程結束後，我總會在腦中做例行掃蕩，回顧經歷，也常覺這一切多麼可笑，但焦慮依然如洪水侵漫。媽媽向我保證，我們在拉斯林的期間若非待在戶外，就是只跟家人共處。她說：「一切都會很順利。」

我們到達時，港口聚集了一群絨鴨（eider duck）。當我們前往接下來幾天要住的小屋，我對新環境的習慣性排斥也軟化了。這地方有點特別。感覺好平靜。空氣清新，景致豐富脫俗。小辮鴴（Northern Lapwing）在我們右方迴旋，一隻普通鵟（Common Buzzard）在左邊。車窗要用手搖柄搖下，轉動的聲響傳遍我們因三小時車程加航程而僵硬的四肢。到處都是野兔，野雁在上方鳴叫，我們放鬆下來，容光煥發。車子爬得比海平面高了，朝島的西邊駛去。

到了落腳處，遠遠看上去完美無缺：傳統石材，方圓幾英里內都沒其他住家，我一到目的地就跳下車，漫步探索。不久便發現一個有澤鳧（Tufted Duck）和灰雁（Greylag Geese）的湖。走著走著，野兔似乎不斷從四處蹦出，我的眼睛拚命想跟上所有動靜，各種感官知覺在腦中颼颼飛轉。

我可以聽見遠方的海鳥呼號。鰹鳥（gannet）翱翔於地平線上，三趾鷗（kittiwake）的吱吱尖叫變得更響亮。我站著眺望大海，看波浪輕柔地打旋，一群白額雁（White-fronted Goose）在黃昏的天空排成匕首隊形飛翔。雖然我們才剛到，而且會在這裡待上幾天，但我已經開始揣想，等到該離去的時候，自己將覺得多空虛。我感到恐慌。

我的童年雖然美好，仍備受限制。我並不自由。日常生活都是繁忙的道路和許多人。日程、期望、壓力。確實也有無拘無束的喜悅，但此刻，站在一個美麗非凡、生機洋溢的地方，卻有這可怕的憂慮湧上心頭。我恍恍惚惚地走回小屋，看著光影在金色的原野上移動。

晚飯後，歌聲從四面八方的天空迸放，我們在暮色中駐足聆聽。細細分辨每一種旋律，我突然覺得篤定許多。雲雀盤旋。烏鶇合唱。草地鷚（Meadow Pipit）滔滔不絕。田鷸（snipe）振翅飛翔。海鳥的叫聲不絕於耳。我們置身於另一世界。沒有汽車。沒有人群。只有野生動植物和壯麗的大自然。

這是最棒的生日。

當我們望著遠處房舍上方的金星，一輪滿月從雲層後散發光輝，我站在那裡，雙手和鼻尖冷得失去知覺，一顆心卻熱切激昂。這就是那種可以讓我待得開心的地方。我將外套緊裹胸前，把一切吸入體內，不願上床睡覺，要將此刻保存起來，連同其他珍藏的記憶。當我被焦慮的大軍伏擊，當它踩著重重的步伐回返，我將以拉斯林島的野性呼喚武裝自己，隨時準備應戰。

四月一日，星期日

經過昨晚的美食與音樂饗宴，鳥鳴聲仍在腦中繚繞，醒來時望見雲層後綻現藍天，今天天氣應該會很好。早晨的大海風平浪靜，波光瀲灩。今天是復活節，我們要前往英國皇家鳥類保護協會的西光海鳥中心[14]，那是北愛爾蘭最大的海鳥集體營巢地（colony），而且離小屋不遠。

早餐前，我和布拉妮、洛爾坎四處奔跑，尋找爸媽藏在乾砌石牆[15]的裂口和縫隙、岩石下與草叢後的巧克力蛋。這跟我們的郊區小花園有天壤之別，那裡的巧克力蛋一下子就被找到了！我們邊跑邊叫，興奮得像脫韁野馬。在這兒我們不必控制自己：方圓數里都不見人影！

我們朝西邊走，雲雀是我們的主日唱詩班，整片地景是我們的禮拜場所，一如往常。微風習習，但天色清亮。我發現一對灰雁在遠處的湖畔吃草，等我們走近，我數了總共有八隻，牠們搖搖擺擺地靠過來，看不出害怕的樣子。

我們抵達海鳥中心時，發現早到了半小時，可見我們是如何迫不及待地趕過來。接待我們的是荷澤爾（Hazel）和里克（Ric）——他們已在島上住了一年，不僅對於野生動植物充滿熱情，知識淵博，而且非常溫暖親切。我不太講話，但這對我來說還滿常發生。我總是點頭微笑，除非談到鳥類。即便那時，我的外表可能顯得很自在，其實卻不然。我覺得被擠壓在中間。我試著理解那些談話，不斷尋找細微的徵象，如臉部表情，語調變化。這經常遠超過我所能應付，於是我乾脆放空。我的心跳得太快。有時候，我會不自覺地從人們身邊走開。情況可能會有點尷尬。

荷澤爾和里克陪我們走向通往海鳥營巢地的石階。爸媽基於禮貌，還在跟他們講些大人的客套話——你若問我意見，這種交談全無必要！我大步向前，踏上蜿蜒的九十四級石階，眼前緩緩展露出一面嶙峋峭壁，擠滿三趾鷗和盤旋的暴雪鸌（Northern Fulmar），在空中旋轉、衝刺、飛舞。這景象讓我的五臟六腑扭動起來。一陣突然的興奮驅使我衝下剩餘的石階，越過觀景臺。我可以望見海鴉棲息的巖柱！激動的鳥叫聲在我胸中爆發。抖顫著雙手，我向里克借來三腳架，架起望遠鏡，仔細地盯著大海看。

搜尋片刻後，刀嘴海雀（Razorbill）的黑白西裝映入眼簾。牠在水裡上下晃動，令人驚奇的是，儘管波濤洶湧，牠卻與同群的鳥兒連成一線，沒被沖散。就算在海上搖搖晃晃，牠們看起來還是如此聰明。我發現天空中有隻流線型的北鰹鳥

（Northern Gannet）（本地最大的海鳥），若無其事地突然轉向——牠俯衝覓食時，時速可達驚人的六十二英里，但我尚未得見此奇觀。這種美麗的鳥兒有迷人的眼睛、裝飾藝術的線條，以及六英尺的翼展。我設法用望遠鏡捕捉一隻的身影，結果差強人意。到處都是暴雪鸌咯咯吱吱的叫聲，像巫婆在對峭壁和所有棲息其上的生物施咒。這種鳥兒挺有意思，會嘔出腐臭的鮮黃油脂以驅逐侵巢者。我覺得牠們異常細緻，也喜歡看牠們滑翔降落。整幅景象令人心醉神迷。刺耳的配樂堪稱完美。沒有海鸚（puffin），但我其實不預期牠們會這麼早出現。

今天出奇暖和，我覺得好滿足，平和安詳。但布拉妮和洛爾坎有點兒煩躁——不是每個人都有觀鳥的耐心。爸媽說我可以選擇留下，但我決定跟大夥一起去吃中飯。真捨不得離開，但我們全家說好，會在離開這座島前再回來。

下午，我們健行到美麗的柯波崖（Kebble Cliff）。嵌在泥巴裡的野兔腳印，洩露了牠輕蹦與深蹬的滑稽動作。野兔又遍地可見了。牠們神出鬼沒，從一簇簇草叢冒出來，待上一會兒，彷彿要搞清楚我們是誰，然後便消失無蹤。一整天下來，我們不時遇見普通鵟和渡鴉（raven）穿梭盤旋，還有一隻遊隼（Peregrine Falcon）飛過，疾速朝下，轉眼不見蹤影。我們的腳步驚起一群田鷸和山鷸（woodcock），牠們從藏身處飛出，嚇我們一跳，也逗得我們很開心。雲雀和草地鷚繼續迴旋騰升，牠們的歌聲深入我生命的每個角落，揚起，盤繞。現在只缺蝴蝶鼓翅、蜻蜓咻咻飛舞了。爛漫春光的嗡嗡哼鳴。我站立不動，可以想見那是怎樣的聲響。我發誓要在五月回來聆聽實況。多美好的一天。

走路和探索讓大家都累了，我們開車到酒館吃晚餐、打撞球。我開始用心記住每一刻，以便在下星期或下個月，在未來的某個未知時刻，當我真的需要感到快樂時，可以回想這些細節。這個形似美人魚尾的島嶼，以魅惑的歌聲讓我中了魔。我徹底被迷住。它只有六英里長、一英里寬，但蘊藏如此豐富——而我們只看到其中一小部分。

從酒館回小屋的最後一英里路，媽媽陪我一起走，尋找罕見的金字塔形筋骨草（pyramidal bugle），但一無所獲。望著我們的小屋，它看起來多完美，我不由得心痛起來。明天是我們待在島上的最後一個全天。

四月二日，星期一

一夜安眠並非我熟悉的經驗。這世界令人應接不暇，要處理如此龐雜的資訊，然後逐步篩汰，對我來說非常困難。早春的光線中，拉斯林的色彩大多自然柔和，是我能忍受的色調。鮮豔的色彩會造成某種痛苦，有如直接對感官發動攻擊。噪音可能讓人崩潰。自然的聲響較易處理，而那是我們在拉斯林聽到的全部。這裡，我的身心處在一種平衡狀態。我並不常有這種感覺。它表示我能重新與自己和家人連結，通常那很困難，因為生活會變得緊張忙碌。我在這裡輕鬆漫步。可以一連幾小時獨自觀看鳥兒。可以隨意走到任何地方。自由探索。這裡也沒人亂丟垃圾，沒有任何惹人厭的東西——除非你討厭動物便便！好奇心會吸引我到這樣的地方，我可以在此撿拾海鴉和刀嘴海雀的蛋殼（去年的戰利品被渡鴉偷走了）、鯊魚和鰩魚的卵鞘[16]、貝殼、骨頭。在家裡，我們有「弗馬納時間」（Fermanagh Time）一說，意思是相較於大多數地方，生活似乎過得更悠哉。但弗馬納時間比不上拉斯林時間，後者更和煦，更自由流轉。

睡醒時，外面颳著風，天色灰暗，但這並未阻止洛爾坎、布拉妮和我往外跑。

風削過我們裸露的臉，眼睛和嘴巴灌滿鹽分和新鮮感。即使灰黑相間，這裡的天空仍飽含亮度、空間和彩度，不像郊區的天空那樣沉重，也許因為海天如此遼闊。我們再度勘查昨天發現灰雁的湖。不停地奔跑。今晨沒有野兔。牠們大概躲起來了，在強風裡蹲伏著。湖面被風吹得翻騰不已，但沒有鳥。

我們上氣不接下氣，狼狽地回到小屋，聽媽媽說渡輪停駛。多開心啊！我希望天氣永遠不要好轉，並開始夢想被困在拉斯林。吃早餐時，我提醒大家，我們說好要在離開島前重返海鳥中心，但與其冒著滂沱大雨步行，我們同意開一段短程的車。

今天的鳥兒比較少：一小群刀嘴海雀在湍流中浮沉，還有幾隻大黑背鷗（Greater Black-backed Gull）。儘管天候不佳，我仍仰首向天，吸入微小的細節。一隻孤單的鰹鳥劃過天際，拖長的叫聲與我的心跳同步——奧克尼人（住在奧克尼群島的人）稱牠們「太陽鵝」（Solan Goose），[17] 隨著雨落下，我感受到牠悲啼聲中的溫暖。一轉眼，我發現媽媽的手搭在我肩上——我都沒察覺已經過了多少時間。

我們拾級而上，回海鳥中心喝杯熱巧克力，我的皮膚因室內的暖氣而刺痛發紅。爸媽跟荷澤爾和里克談話時，我的思緒飄忽不定，時而放空。漸漸地手指可以放鬆活動，也不再覺得那麼僵麻，終於能注意聽見他們說，我們要再度冒著風雨出門，看樣子是要去找海豹。

開到港口的車程比我們所有人想的都遠。抵達時雨勢已緩，從瓢潑大雨變成淅瀝淅瀝下著，但在走去麥奎格酒吧（McCuaig's Bar）前方小海灘的路上，我還是很感激有雨衣可穿。要找到海豹並不難：有六隻在翻騰的波浪裡。我們也看著絨鴨漂游，在樸素的雌鴨映襯下，雄鴨醒目的羽衣顯得相當古怪。蠣鷸（Oystercatcher）、赤足鷸（Common Redshank）和一隻落單的三趾濱鷸（Sanderling）在海藻間啄食，遠處還有更多鳥頭上下擺動，細長的腳在沖上岸的海帶間蹥舞。有隻海豹身上有個奇怪的紅色突起：原來是塑膠劃出的傷口，雖已癒合，但那個不管是什麼的物品仍卡在原處。這景象點燃我滿腔怒火，爆烈如太陽閃焰。我們怎能如此對待野生動物？

為了讓大家高興起來，爸媽帶我們到一間舒適的咖啡館大啖可麗餅，他們也提醒我們，待會兒要前往馬克福農場，我們受邀在下午去餵小羊。除了身為農夫，連恩．馬克福（Liam McFaul）也是英國皇家鳥類保護協會在拉斯林島的管理人，並致力復育長腳秧雞（Corncrake），這種鳥兒在愛爾蘭各處皆瀕臨滅絕。去年有一隻雄秧雞叫喚，但未獲雌秧雞回應。希望今年連恩的蕁麻叢秧雞復育地能幫得上忙。

談論長腳秧雞和看到海豹受傷提醒了我，即使在這裡，在這樣的荒野中，也沒有一個地方逃得過人為干預。處處都在失去：失去棲地，失去物種和生活的方式。雖然這裡和許多地方都在進行修復，情況仍十分複雜。我覺得自己並不具備理解或評斷的資格。但我知道情況令我不安。總覺得一切並未維持適當的平衡。

我們在馬克福農場餵小羊時，這些想法盤據著我的心思，直到晚上。餵小羊的感覺真好。我們不是農夫，但都喜愛動物，這下子布拉妮開始說她以後要當獸醫了！

回到小屋，我們就著燭光看書。爸爸開始朗讀達拉．歐．康瑙拉（Dara Ó Conaola）的《夜晚的騷動》（*Night Ructions*），媽媽接著唸一些詩，直到我們一個接一個墜入夢鄉，安安穩穩，不受外面的浪濤撞擊與喧鬧侵擾。

四月四日，星期三

拂曉一片靜謐。風已停息，意味著我們即將離去。收拾和打包的工作讓我的頭腦保持忙碌，但內心有種感覺在翻攪，像是滾過鋸齒尖突的環圈。我們衝去搭渡輪，差點趕不上。懷著沉重的心情出海，沒人嘻笑，也沒人指認浪花之外的景物。黯然靜默。愛爾蘭語稱這種感受為「uaigneas」[18]。那是一種非常深沉的感受，孤寂的境況。

我們找到又失去了什麼，一切發生得好快。或許我也失去了部分童年。我心底有個美人魚形狀的拉斯林空間，需要再次被填滿。

四月七日，星期六

今晨我被一種壓迫感包圍，比平時更沉重，持續了一整天。即使外面的花園充滿歌聲和活動，有這麼多好事在發生，我的心思仍陷溺於憂鬱與心悸的焦慮之間。我感覺被困在郊區。風與奔湧的空氣，來自野地那種，旋掃過我的白日夢與頻頻驚醒的夜晚。焦慮的軍隊大步前進，我的防禦卻未能奏效。我在濃霧瀰漫的腦海中摸索，拚命尋找可以平撫淚水、慌亂和沮喪的記憶或意象。我用被子蒙住頭，想扼殺這一切，又墜入另一場斷斷續續的睡眠。

四月八日，星期日

我勉強把自己拖回世界，連克拉達自然保護區（Claddagh Nature Reserve）的誘惑也未能減輕我內心的憂慮。而且我覺得自己有理由耿耿於懷，因為我們到達時，看見通常盛開著銀蓮花（anemone）的林地竟被鑿出巨坑，用來傾倒泥巴和石塊，在這片介於河流與野蒜（wild garlic）花毯間的土地留下醜惡的汙漬。我怒火中燒。附近的空建築裡停著一輛露出馬腳的挖土機，這就是他們為非作歹的證據。

我們氣沖沖地往前走，雖然我發現樹上冒出嫩芽，河岸高處長滿了金葉虎耳草（golden-leaved saxifrage），但這全都起不了什麼安慰作用。嘰喳柳鶯（Common Chiffchaff）也在宛轉啼鳴，我卻對牠們的啁啾充耳不聞。

由於天氣變暖，我們決定前往勾馬康奈岩（Gortmaconnell Rock），一片更原始自然的荒野，屬於大理石拱形洞世界地質公園（Marble Arch Caves Global Geopark）

的一部分。它是那種乏人問津之處，至少我們沒在那裡遇到過別人。我們把弗馬納的一些地方視為自家「遊樂場」，這是其中之一。我發現今年的第一隻蝴蝶：一隻非常憔悴的孔雀蛺蝶（peacock butterfly）。我感覺胸口撲拍作響，梳鬆了緊繃的心結，吐納間變得稍微順暢一點。我從勾馬康奈峰底跑到頂端，任風打散內心的騷亂。它傾洩而出，化入景色，我平躺下來仰望浮雲。闔上雙眼，一手按胸，感覺心跳平穩了些。我睡了半晌；沒人來打擾。比起這星期所有斷斷續續的睡眠加起來，那十五分鐘給了我更充分的休息。

四月十八日，星期三

今年的第四張「成績單」使我無法踏觸土壤與青草，禁錮於自由似乎不存在的考試週期。學校教室引發幽閉恐懼。煩躁、嘆息、移動，以及聽起來隆隆如雷的窸窣聲，穿透汙濁的空氣轟炸我。教室很亮，太亮了，各種紅、黃色刺痛視網膜。日光燈淹沒自然光。我看不到外面，覺得被困住，像關在籠裡的野獸。

雖然我真的很喜歡上西班牙文課，但室內實在太可怕，根本不可能專心。幾乎每堂課我都得把自己移到教室外。坐著不動，吸氣、吐氣，消失在混亂的漩渦裡。謝天謝地學校有「安全空間」——那是個房間，保留給自閉症類群的孩子，或其他需要安靜空間的學童。有些人以為我被隔絕在那裡，其實不會。我很安全。大腦可以擴展，並散洩負擔。

我喜歡學校，真心想學習，但校內的學習如此呆板，缺乏啟發性。周遭的冷漠令人難以忍受。我們在學的東西，引人入勝的程度堪比滴漏的水龍頭，相對的，外面的世界更易於凝聚、理解。你可以每次聚焦於一件事物：一朵花、一隻鳥、一個聲響、一隻蟲。學校恰恰相反。我永遠無法清晰地思考，頭腦被色彩和噪音吞沒，時時記得要有條理。逐一核查腦中清單上的項目。總是在努力控制緊張焦慮。保持鎮定。

四月二十日，星期五

早上我沒到校，因為我受邀在一場教師研討會上講話，參加一場「生態學校」（eco school）活動。我的確喜歡做這類工作。它也算是我的使命吧——想不出更好的說法。我必須大聲疾呼，說明我們都能為這生生不息的世界、為所有野生動植物做更多，可以發揮影響、促成改變。我常覺得自己好像拿頭去撞磚牆。

今天大家都很友善，彼此鼓舞，且真心興奮地來到這裡，慶祝許多學校以微薄資金做出的成績。但當我走向舉辦活動的建築，穿過人工栽培的菜園時，卻聞到水肥的惡臭。我來此談生物多樣性，這裡卻缺少生物多樣性；無論是那氣味或井然有序的園地，都讓我覺得不舒服。

他們請我上臺說話時，我的心開始怦怦跳。我發現看不到講堂後端——與遠處的空白牆面對望，是我在公開發言時的一個重要竅門。但這裡的講臺太高了。我覺得很渺小，想讓自己挺高一點。講堂開始膨脹。我感覺浸在水中。當我大聲朗讀，支撐著我的弦開始抽痛。我快垮掉了。我繼續朗讀，保持微笑。站著讓人拍照。在陌生的臉孔中盡量說話。然後我察覺自己還穿著刷毛衣，這就是汗水一直從脖子滴下的原因。完全不曉得這種感覺已持續多久。等我終於褪去外衣，又開始跟自己生氣，因為我穿著最喜愛的「低調」（Undertones）T恤。為什麼沒早點想到呢？真受不了自己的無能——沒法有條理地照料自己，連最基本的事都不會，例如在悶熱的房間裡脫掉刷毛衣。我無法預做準備。如果沒有旁人提示（通常是爸媽），我似乎就是辦不到。但話說回來，提示本身甚至更令人惱怒。

我跟爸爸一起回家，在車上放我最喜歡的音樂：「衝擊」（The Clash）、「吵鬧公雞」（The Buzzcocks）和其他樂團。我們聊了一會兒，但我真正想要的是打個盹，試圖把這天關在意識之外。音樂扳開了感官的開關，樂聲傳入心中，釋放內在的壓力。

音樂總是能讓我心情好轉，等我們回到家，面對媽媽的問題和微笑時，我的例行性當日簡報就不那麼頹喪了。之後，我帶著相機逃進花園。我沒拍任何照片，反而又打了個盹。難怪晚上睡不著。

四月二十六日，星期四

坐在房裡寫功課時，感覺到一陣輕顫。我拉開窗簾，把門推到一旁。我住在邊緣：由車庫改裝、離其他人都很遠的邊間。爸媽總擔心我晚上不在他們附近，但我又不是小娃娃，而且還滿喜歡現在這樣。站到外面，翹首仰望天空，果然牠就在那兒。一聲尖嘯。一隻雨燕（swift）！百日居留的先鋒。牠們到了！從非洲一路飛來，我們最生氣勃勃、精神奕奕的夏日訪客，在我家上方尖叫。

雨燕一生最重要的時刻之一，便是尋找築巢處。但像我鄰居這樣的人，卻消毒花園，在屋簷中央裝置塑膠或金屬矛叉。這種態度處處可見。阻止野生生物在住宅和辦公大樓的空隙間繁殖已成常態。而整個鳥糞問題更是荒謬！這是標準的抱怨，說鳥類有多骯髒，所以在自家門前剝奪其棲地是合理的。

眼下這隻落單的雨燕歡快地騰旋翻飛——牠是斥候吧，也許在覓食，尚未配對，還在尋找伴侶，等著尖聲叫嚷的親友成群前來搶地盤、扭打推撞。真難相信許多鳥寶寶就這樣飛出巢，獨自踏上遼闊的旅程。不可思議。我思索著人類多麼依賴彼此以求生存，而野生物種的生存又如何掌控在我們手中。我在傍晚的涼意裡打哆嗦。雨燕已飛走，留下一片空曠的天空，夜幕降臨。

就寢前，我端詳著一枝不起眼的綠色花莖，怯生生地倚在張揚的蒲公英旁。粉紅小蓓蕾，是今年的第一朵草甸碎米薺（cuckoo flower），俗稱「女士的工作衫」（lady's smock）。這種細緻淡雅的春花曾遍覆山野，至今仍是紅襟粉蝶（orange-tip butterfly）停棲產卵的首選。微小的橘點點。過些時候我會檢查園裡所有的綠色莖梗，但觀察了這麼多年，仍未發現過一顆蝶卵。說不定與我們從廚房窗戶便可望見的那片田野和霓虹水肥菜園有關。

五月十日，星期四

我帶著相機到花園拍一朵蒲公英，它的花瓣內外翻轉，像一把頂著強風的傘。之所以注意到它，是因為我好愛蒲公英，覺得它們宛如陽光化身，而且只要稍微耐心等待，總會看到某種生物棲息在盛開的花上。對新出現的所有授粉者來說，它是重要的生命泉源，爆發出令人振奮的金黃色，連最灰暗的日子也明亮起來。它傲然挺立，不像其他花朵在微風中搖曳綻放。真是特立獨行。

草甸碎米薺也開得很繁茂，第一串紫斑掌裂蘭（common spotted orchid）已衝出地面。不曉得今年是否會打破去年的紀錄：十三串華麗的蘭花。突然間，天空的寥寥數片雲落下豆大的雨點，重重打在所有頂面敞開的蒲公英上。唯一完好無傷的就是最初吸引我目光的那朵。

蒲公英令我想起我如何封閉自己，將大部分世界隔絕在外，要不是因為觀看與感受太痛苦，就是因為我對人們敞開時，卻招來嘲弄。霸凌。針對我感受到的強烈喜悅、我的激動和熱情惡言侮辱。多年來我一直把想法藏在心底，而今這些話正滲漏到世界上。

我仰起臉迎向雨，讓雲的粒子落在舌上。

五月十一日，星期五

遍地萌發的生命令我雀躍不已，庭院、校園，連我家附近的街道都有。我的心臟不再那麼常撞擊胸膛。覺得與自然合拍，且再度開始沉浸於每個時刻，任每個波浪打中我，滲入我。

我們決定在童軍活動後到利斯納斯基（Lisnaskea）的小公園夜遊，這小鎮距恩尼斯基林不到十五英里。傍晚天氣暖和，光線因小黑蚊（midge）紛飛歡舞而迷離，儘管我們不勝其擾。突然間，出現力道超拔於蘆葦和林間眾曲之上的啼囀，那是水蒲葦鶯（Sedge Warbler），鳴聲充盈整個空域。我駐足聆聽。片刻後，兩隻水蒲葦鶯開始交談，一隻站在鐵絲網上，另一隻在柳枝頭。一隻在陰影中，另一隻選擇光亮，牠們的啁啾把我目眩神迷的感覺都譜入歌調。有時我好奇別人對這些邂逅有什麼反應。當他們聽到水蒲葦鶯這樣的鳥兒，也會覺得榮幸嗎？從撒哈拉沙漠出發，經過連續不斷的飛行，牠降落在此，以清脆歡快的興奮妝點我們的夏天。

愛德華．托馬斯將一生的詩匯注於兩年間，直到在第一次世界大戰的戰壕裡陣亡。[19]他完美捕捉了水蒲葦鶯給人的感受：

牠們的歌曲全無詞語，缺乏旋律，
很難稱得上甜美，但我珍重它

更勝於最甜美的嗓音宛轉唱出甜言蜜語。
這是五月最好的時光——棕色的小鳥兒
充滿智慧地反覆重申
人們在課堂或校外都學不到的事。

香蒲（bulrush）上方有一大群食蚜蠅（hoverfly）。暮光斑駁，如復古照片的深褐色調。當下的纖柔細緻令我迷醉。五臟六腑彷彿要爆開，字詞由外向內彈跳。我收攏它們，因為將這一切捕捉在篇頁上，能讓我重溫此刻。

五月十二日，星期六

今天，當我悠閒地漫步於本地一座公園——恩尼斯基林維多利亞時代的遺跡——堡丘公園（Forthill Park），發現之前沒注意到的景象。我們喜歡在裡面玩耍的杜鵑花叢，連同它曾覆蓋的陰冷世界，已被剷除殆盡。但今年春天，殘株底下竟神奇地迸出朵朵報春花（primrose），不知是多少年來首見。接著在報春花叢中，我認出一朵櫟林銀蓮花（wood anemone），暴露在光天化日下，宛若一道被遺忘的符咒。

厚重的杜鵑樹冠層把報春花和銀蓮花都悶蓋住，使它們處於休眠狀態。而銀蓮花驀然現身，阿多尼斯的血，[20]過去曾繁茂於此的森林之血。一枚殘片。一絲線索，揭發一場古老的謀殺。這是證據，證明我們喪失了曾遍覆愛爾蘭的森林和沼澤。櫟林銀蓮花每一百年才蔓生六英尺。我希望這小塊地能不受干擾地留在陽光下，好讓它再度蔓延。一株櫟林銀蓮花，出現在公園裡、城鎮上、孩童嬉戲的地方。一株銀蓮花，蘊含如此豐富的神話、這麼多故事，而今能再次探伸，開啟這世紀的許多心靈，觸動眾生。

多年前，媽媽就讀毗鄰公園的小學，他們的生態戶外教學就是來這裡。聖德蘭女校（St Theresa's Girls School）。灰背心裙，紅玫瑰徽章。她告訴我她好喜歡它，因為她的名字蘿芯（Róisín）便是愛爾蘭語「小玫瑰」之意。她記得曾蒐集橡樹和懸鈴木（sycamore）的葉子、松果、馬栗。所有學童都把自己的發現擺在一張生態桌上——不曉得現在還有多少學校會設生態桌。我知道我的學校沒有。

這裡的燕子歡欣鼓舞，穿梭在短草間。我躺下來仰望「快樂王子」——它真正的名稱是「科爾紀念碑」(Cole's Monument)，紀念一位十九世紀的軍人兼政治家：G·勞理·科爾將軍（General G. Lowry Cole）。但在我們家，它因王爾德的故事而被喚作「快樂王子」。王爾德就讀恩尼斯基林的波托拉皇家學校（Portora Royal School）時，想必曾經從宿舍眺望那座灰色高塔，編織出少年雕像與獨留過冬的燕子結為好友的動人故事。故事裡，王子目睹塵世的諸般慘況，要燕子啄下裝飾雕像的寶石，撕下表面貼覆的金箔，拿去給窮人。當他所有的美麗剝除殆盡，快樂王子被拆掉，丟進熔爐。最後只剩他碎裂的心和凍死的燕子。天使拾起燕子和那顆心，帶上天堂，宣稱它們是城裡最美的事物。

這故事總是把我弄哭。我們全家人都被它弄哭。我深深沉入草地，望著燕子的剪影，聽燕語呢喃。

王爾德鄙視波托拉，我也在那裡度過心靈飽受摧殘的十八個月。我無法想像自己當初為何想去。也許因為愛爾蘭最著名的作家之一也念那所學校：薩繆爾·貝克特（Samuel Beckett）顯然熱愛母校，可能因為他喜愛運動。對我來說，每一天都是煎熬。我掩藏得很好。霸凌者都是力強勢大的男孩，受歡迎的運動健將，說起謊來天花亂墜，彷彿口吐鑽石。闇黑的鑽石。血腥的鑽石。我陡然坐起，心跳狂猛。即使已過一年，想起來還是太痛苦。我很高興離開了那裡。

回來看那朵孑然獨立的櫟林銀蓮花，如此孤單，卻因而更加美麗。

五月十三日，星期日

當你探訪熟悉的地方，它從不會停滯不動。總會出現什麼變化，每個新的日子都帶來一點傾側，另一番景觀，之前沒注意到的東西。那個東西可能平淡得像一堵石牆。當然，這樣說對石牆並不公平——多少生命從其間隙和裂縫冒出。若你耐心注視一面石牆，我可以保證，在你眼前嶄露的將是一場表演，只保留給駐足觀看的人。不過，今天的演出不在牆上或牆內，而是越過牆的那頭。

我們已經在奇利基根自然保護區（Killykeeghan Nature Reserve）走了好一陣子；這個隱密的小地方離我家不遠，同樣是我們極少會遇見別人之處。今天我們尋覓蘭花，留神傾聽有無杜鵑啼叫，在石灰岩平面[21]上跑來跑去，看能否找到哺乳動物的糞便。

布拉妮很愛越過牆張望另一頭，而且一看就轉不開眼。她有第六感。我們倆都感覺到什麼，而她在最完美的窺探點停下，因為這座古代環形堡壘[22]的石牆後方藏著一汪池塘，它映照天空，裡面有無數扭擺的小黑影，在光影間來回疾衝。一大群不斷顫動的蝌蚪，以及由牠們展開的、史詩般的生命週期，期盼與迷醉。我們翻過牆，圍在泥濘的池邊，欣然凝視。

池水因沼氣而啵啵冒泡，這讓我想到民間傳說，想到報喪女妖[23]和鬼火，有機物質分解時散發的閃爍紅光。爸爸記得在譚納哈里[24]他叔公的農場上看過它們，在黑暗中舞動。近年來它們變得很稀奇，因為排水系統和農地「改良」奪去我們大部分的沼澤，包括樹沼、草沼和泥炭酸沼。無論那是生物體在發光，或是沼氣在燃燒，讓思緒隨報喪女妖與鬼火飄蕩都是件美妙的事——民間傳說與故事經常受自然界的奇景美物啟發，所有這些故事又將自然深深帶進我們的想像。而且我就愛凝視池塘，所以它一定有益心智。我的腦袋大多時候都忙得不可開交，對過度亢進的大腦來說，觀看水蚤（daphnia）、甲蟲、水黽（pond skater）和水蠆（dragonfly nymph，蜻蜓幼蟲）實為一帖良藥。

被表面張力繃平的池水出現波紋，看不出來源。我感覺灑在頭上的濛濛細雨變成豆大的雨珠，從額頭滑落臉龐，將我從恍惚中喚醒。布拉妮和我跑到樹籬旁躲雨，但雨停後，她回去找爸媽，我則朝不同的方向繼續獨行。

隨著地球運轉，我們會在某些時刻探尋特定的事物。今天我好想聽見杜鵑——我對於各種季節性的「初現」需求強烈。每樣事物的初現都非常特別。一心渴盼今日能聽見牠，我發覺自己跟大家走散了，來到榛樹與藍鈴花間雜的隱蔽樹叢。你知道那種忘記一個地方、頓時又全想起的感受？置身灌木叢將我直接帶回蹣跚學步的幼年：踩踏著紫丁香花串，直到媽媽將我一把抱起。再快轉一、兩年：我在撥弄一坨牛糞，觀察糞金龜，並爬上長滿苔蘚的堤岸，尋找不認識的東西。我幾乎潸然淚下。獨自一人，寧靜得足以感覺到往昔，感覺它與麝香味的當下交疊，日光穿透樹冠滴淌下來。

藍綠色的光照亮了穿過藍鈴花和榛樹叢的小徑，一條密徑。有時候有條小徑是件好事，以免觸怒妖精，據說他們就住在這些野花的鐘鈴裡——有人說，藍鈴花那不祥的鈴聲，會為聽見它的倒楣鬼招來殺身之禍。

輕踩在木棧道上，幼年的強勢進逼已然消退，取而代之的是敬畏。要長成這樣一片花毯，藍鈴花林[25]所經歷的歲月遠比我們在地球上的時間還長。如此珍貴、古老而神奇。而且，若無干擾，它的到臨極其準時，令許多敞開的心懷為之迷醉。自冰河時期以來，此地的藍鈴花從種子長成球莖，需要整整五年的時間。緩慢而完美的生長工夫。

大地披覆著藍鈴斗篷，春天的運行循環不息，在這一切當中，杜鵑突然從近處放聲高歌，嚇了我一大跳。但我決定不去追逐牠。我側耳傾聽，寬心微笑，知道此處一切安好。

五月十八日，星期五

我在花園裡盪鞦韆。陽光普照，這個被圍起的小天地盈溢著鳥鳴，蜜蜂在蜂房忙進忙出。我跳下鞦韆，跑去窺探我們的小水桶。還記得那天我們將石子和陶罐碎片鋪在桶中，迫不及待地讓它接滿雨水。我們加進一杯取自爸爸上班處池塘的渾水、幾株會製造氧氣的原生水草，這桶魔釀便長出了生命。水蚤率先現身。不到一星期蝸牛也登場。接著是水生甲蟲。然後是水蠆和終極目標：蝌蚪。鳥兒來我們的魔法鍋啜飲、沐浴，而在表面的變化底下，還有整整五隻活蹦亂跳的蝌蚪！像扭來扭去的淚珠不停蠕動，從靈藥鍋邊吃水藻。如果你給自己釀製一鍋，肯定也會發生神奇的事。

春日晚間在自家臺階上觀察水桶裡的生命，令人心醉神迷。沒錯，絕對心醉神迷！

我進屋吃晚餐，但很快又回到外面，直奔水桶。它不斷為我們準備各種驚喜。我尤其愛觀察不同的物種互動。彈尾蟲（springtail）利用水的表面張力進行一點愉快的勘查，對蟲兒來說，繃緊的水面有如一張厚皮，牠那麼小，渾然不知張力的底面有什麼在巡邏：幽暗中，受饑餓驅使的划蝽（water boatman）以槳狀雙腿仰泳，尖利的口器（又稱螫針）隨時準備出擊。划蝽和彈尾蟲之間的動作可謂奇觀。彈尾蟲極其迅捷，藉腹部的尾狀附肢（稱叉狀彈器）向前彈跳。划蝽的狂野無比優雅。拿牠們滑稽的動作來消磨一個鐘頭真是棒透了。

我睡前又去看了一次，彈尾蟲還活得好好的。但能維持多久呢？我在心裡雀躍著，因為，嗯，我已經長大，不好讓人看見我蹦蹦跳跳地進屋。我上床睡覺，滿心歡喜。我們被教導「孩子氣」是錯的，甚至是壞的。我為沒有這類感受的世界哀悼。失去歡樂的世界，缺乏連繫的世界。我將這些感想推到一旁。閉上眼睛，只看見疾竄的蝌蚪、彈尾蟲和一隻埋伏的划蝽。

五月十九日，星期六

早餐前，我又去查看魔法鍋。划蝽還逗留著，彈尾蟲卻已不在。我不懷疑也不追究，牠就是不在了。數一數，鬆了口氣：同樣數目的蝌蚪繞著碎陶片游泳，其中一隻棲息在斜跨迷你池塘的木頭上。真捨不得離開，但我們得陪爸爸開兩小時車到唐派翠克辦些事，再一起前往英奇修道院，[26]那兒可以清楚看見我鍾愛的一種鴉（corvid）正在築巢。

今天感覺像夏日傍晚，只是多了嗡嗡聲和遠方燕鷗（tern）掠過科伊爾河往西南方而去的尖叫聲。蝴蝶到處飛舞。從這座熙篤會修道院（Cistercian Abbey）的廢墟傳來一陣歐亞寒鴉（Eurasian Jackdaw）喧譁。這很特別。當牠們在四周無聲地迴翔，我們聽到其他聲響，比鴉族慣常的呱呱聲更稚嫩些。我探索石牆的縫隙，發現被細枝保護著的雛鳥。接著，聲音似乎來自四面八方。我退後一步，看著親鳥孜孜不倦地從隱密的巢室飛進飛出，哺餵幼雛。

寒鴉在我家餵食器上的黑色身影總令我驚訝。牠們看起來好不自在，踮著邊緣搖搖欲墜。啄食脂肪球[27]的樣子很秀氣，不像其他鴉族表親（尤其是禿鼻鴉〔Rook〕）一把攫住就飛走。牠們是絕頂聰明、深具靈性的鳥兒，會望進人類的眼眸，探尋其意圖。牠們也能學把戲。多奇妙的生物，披著光澤熠熠、深灰如夜的羽衣。

凱爾特（Celtic）神話裡有個故事，講述一群寒鴉懇求國王讓牠們進城，以逃避禿鼻鴉和渡鴉的欺凌。國王拒絕了，但寒鴉堅持不懈，找到一枚遺失的魔戒，它之前曾保護芒斯特省免受弗摩爾族[28]襲擊。國王於是改變主意，允許寒鴉以禽類公民的身分進城。

我好喜歡這些故事。它們豐富了我身為少年博物學家的人生。科學，對，科學始終是準則。但我們需要這些失落的連結，它們餵養我們的想像，賦予野生角色鮮活的個性，並提醒我們：我們並不獨立於自然之外，而是其中一部分。禽類公民！有何不可？

五月二十六日，星期六

重返拉斯林島過春假[29]真是開心。我們住在同一間石屋，並直接出發去海鳥中心，在那裡待一下午。比起上回，這次的人多了許多，因此在往下走去觀景臺之前，媽媽把我拉到一邊。我們交換密語和握掌的暗號。我為自己打造一副想像的盔甲，然後前進到人群中，各種感官像爆米花似地劈啪彈迸。

當你在五到七月的繁殖季初遇此地的峭壁，一切都以壯盛的陣容同時迎面撞來。還不太刺鼻的氣味。萬花筒般的聲音。數以千計的鳥：海鴉、三趾鷗、刀嘴海雀、暴雪鸌和海鸚，全都在盤旋或俯衝，巡邏與護衛，漫步於浪蝕巖柱狹窄的側肩上。震撼人心。氣象萬千。這是個迴蕩著生存與耐力的地方。我覺得激動難抑，幾乎要歇斯底里，但必須克制，將一切收在心裡。

我試著聚焦於各個物種，從一隻暴雪鸌開始：這位在寶座上打瞌睡等待的女王，貌似孤獨，但被不斷飛過的羽翼罩護著。她像入定的佛陀，收攝氣力，安住當下。聚集的海鴉隨即吸引了我的目光，熙熙攘攘一大群——數量保障安全，覆蓋整片巖柱（鳥兒加上鳥糞）。刀嘴海雀在打情罵俏，引頸交喙，依偎成一蓬燦亮光滑的羽裳，轉瞬又爆發一場黑白譁變，爭奪地盤。一對三趾鷗總是形影不離，無論在崖邊或天際。這些以海為生的浪遊者看起來像鷗科中最柔弱的，但牠們一定非常堅韌強悍，才能忍受長達半年的海上飛行——幼鳥要等兩歲之後才會回到陸地。接著出場的是搖搖擺擺的小可愛：海鸚！瞇瞇眼讓牠們看似在夢遊，穿過綠草地時，嬌小的身軀顯得十分笨重。牠們看起來如此費力，卻意志堅定，魅力超凡——我想像牠們跟在奧茲國的巫師[30]旁，跌跌撞撞地穿梭於地道間，一群迷你督察。不可思議的是，牠們飛行時能藉由每分鐘四百下的瘋狂拍翅，達到時速五十五英里。

我咧嘴而笑，笑容從我延伸到峭壁，彷彿連接上每個翅翼和鳥喙。我甚至決定要開始進行新的挑戰：跟別人談話、互動。這裡，在這一切環繞下，會比較容易。我置身於自己的自然棲地，而與他人分享的感覺如此美好。

五月二十七日，星期日

因為失眠的緣故，醒來時口乾舌燥，眼睛酸澀。我需要找到刺激、衝勁。我需要找到度過一天的能力，不亂發脾氣，不自我膨脹。在未知中找到喜悅。因為人生說不定全是未知數，我們在黑暗中摸索，至少我擁有許多人沒有的慰藉。我有家庭。我有溫暖。我有這麼多愛。一切都會好好的。

昨天真是漫長的一天——我小步跑上觀景臺的石階，熱氣在胸中混合著風和鳥鳴。之後我們到酒館吃晚餐，望著緋紅的天空和夕陽滑入大海。我們一面聊天一面舉杯互祝，而當爸媽開始說話，我感覺潮水退而復進，又再度退卻，他們選擇在此刻告訴我們：我們要搬家了。搬進另一幢房屋。搬到另一個郡，另一片風景，不同的人群。搬遷。

媽媽說她覺得我們需要一個新的開始，洛爾坎和我需要換一間學校。爸爸想離貝爾法斯特近一點，為了工作機會，也為就近照顧爺爺過世後便獨居的奶奶。我點頭。我懂他們在說什麼。我能理解，但吸進的鹹空氣令我喉嚨燒灼。我推開一切，愈遠愈好。否認。困惑。爸媽的目光在我們之間梭巡，間或望向彼此。之後，他們知道最好讓我靜一靜。但當我們走在路上，媽媽停下來擁抱大家，我們不發一語地走向小屋和陰森詭異的未知。

腦中的電流才剛開始熄滅。我起床迎接烈日當空的一天。早餐後，我們走向蘆岬（Rue Point），途中聞到一股令人受不了的惡臭，來自腐爛的海帶和兩頭死山羊。那氣味雖濃烈，卻未使這片熒熒閃爍、島海交融的廣域失色。

我在長滿海濱薊（sea thistle）的堤岸上休息，看著鷚（pipit）振翅穿梭於岩間，從雙筒望遠鏡搜尋更多生物。陽光熾烈，我得瞇起眼睛才能辨識前方的形狀：一群灰海豹（grey seal）懶洋洋地趴在岩石上。曬著太陽，輕輕抓個癢，一點也不煩躁。我覺得很羨慕。牠們不僅在岩石上從黎明躺到黃昏，而且只要猛一挺身，便能躍入幽暗的深海覓食。從靜止到全速衝刺，毋須準備，沒有過渡階段。我挑出幾隻來比較其行為。牠們的性格如此鮮明。再過幾個月就要開始繁殖，趁現在還有時間，先好好休息。

一九一四年，灰海豹成為首先受到政府立法保護的動物。但《灰海豹保護法》並未終止與漁業的衝突，殺戮仍持續著。幸好在一九七〇年代末期，公眾的強烈抗議遏阻了進一步的選擇性捕殺。[31]但正如生物學家莉西．戴里（Lizzie Daly）在短片《無聲的屠殺》（*Silent Slaughter*）中報導，二〇一八年蘇格蘭鮭魚養殖場附近的海灘上，發現有海豹遭射殺，因此這仍是備受爭議的議題。

想到鮮血流淌在這些岩石上就讓我一陣反胃。我甩開那些念頭，將視線轉向外面。我與海豹保持相當距離，心滿意足地觀看正在上演的肥皂劇：牠們撐起鰭足，為保衛空間而扭動、推擠。我能理解其對於個人空間的需求，以及牠們的反社會行為。風向改變，濃重的氣味教我受不了。夠了。連我這個最熱心的博物學家也得轉移陣地。我起身走向另一個閃閃發亮、引起我興趣的東西。

這一天在渡鴉的咯咯喧嚷和苜蓿、毛茛、海濱蠅子草（sea campion）等晚春野花的初綻中流逝。我躺在草地上，仰望圓鼓鼓的積雲襯著藍天。這個在拉斯林度過的週末假期好短暫，太短暫了。我的生活宛如一陣接一陣的暴衝，事情挨在一塊，擠成一團，自由不斷縮減。我多麼喜歡這些寧靜的獨處時刻。

薄暮降臨，天色青紫如黑莓。涼爽的空氣瀰漫著乾草香；我們趁天黑前駕車在島上四處繞，尋找連恩．馬克福告訴過我們的地點，大家都側耳傾聽，為了那曾經如此尋常的聲音——從都柏林市中心到英國、愛爾蘭諸島的所有原野和農田都聽得到。我們停在路邊等候。這地方有種靜定的氛圍，那靜默震耳欲聾。我聽見自己的心跳，感覺它要從雙耳炸出。期盼的心情在嘴裡留下一種金屬味。爸爸正打算發動引擎，秧雞的啼聲響起，清晰的顫音有如棘輪。一隻長腳秧雞。牠在羔羊咩咩和乳牛哞哞的唱和下再度放聲高歌，又一首為了農業聲景而犧牲的荒野歌調。

從前莊稼收成後，並不立即割除殘莖，讓長腳秧雞在其中築巢孵卵，養育幼雛。這種耕作方式已被春、夏兩季密集製造青貯飼料[32]所取代。新的四季節奏與鳥兒的習性相抵觸——不堪設想的情況發生了，刀刃硬生生截斷生命。想像那畫面。每顆鳥蛋都碎裂。這個物種在此地、在任何地方的未來被摧毀。一去不返。當然，畫面上少不了駕駛座上的人類。

而今只聽見雄鳥對著無盡的穹蒼呼喚。他啼聲淒切，得不到伴侶回應。我們沉默地坐著傾聽，車裡的每個人都在微笑。

我愛我的家人，但那一刻，他們的微笑卻讓我想要尖叫。怎麼笑得出來？我無法與他們同喜。一滴淚水滾落臉頰。我悄悄下車，盡量安靜地關上車門，朝著鳥聲走去。這麼小的一方土地，而牠就在這兒，輕巧地走在乾麥稭間。

「對不起。」我低語。

鳥兒無視於我的存在，繼續呼喚著，牠將持續呼喚到繁殖季結束。夜復一夜。堅持不懈。看著牠，聽著牠，我感到如此寂寞而絕望。一股熱血湧貫全身。我必須採取行動。必須大聲疾呼。挺身而出。

天黑了，我回到車上。長腳秧雞依然在夜色中呼喚。

六月一日，星期五

一週的課已結束，但我仍心神不寧。坐在鞦韆上，看著花園裡的成鳥來回穿梭於餵食器間，一面進食一面扒土覓蟲，再飛去哺餵幼鳥。

我覺得舌上彷彿有千斤重，這星期大半時間都如此。無法開口說話。學校照例卯足全力，為即將來臨的學力測驗做準備。顯然這些是「比較重要」的考試，因為它們將影響我能選擇以獲取初中文憑的課程組合[33]。考試對我來說不是問題；我其實滿喜歡考試。我喜歡挑戰，算是吧，但它們似乎一輪接一輪，速度快得讓我們來不及在其間學到足夠的新東西。真是令人沮喪而疲倦。如果我不寫作，不透過某種方式整理並過濾這團紛亂、模糊，以及經常包圍、淹沒我的喧囂，我想我會內爆。各種壓力會把我壓垮。但我熬過來了，現在是週五晚間，而且我們明天要去做池塘生態調查[34]。

我從臥室的窗戶探出身子，專注觀看，每兩分鐘就有忙碌的身影從眼前掠過。來回往復。勤奮的父母。片刻不得息。這是一段歡悅的時光。羽翼漸豐的幼鳥很快就會離巢，花園將變得熱鬧非凡。一隻歐亞鷽（Eurasian Bullfinch）雄鳥停降在牆上（早上也有一隻飛來）。在灰色的石塊襯托下，牠圓滾滾的珊瑚色胸膛顯得格外浮誇。那俯身從蒲公英絨球拽下種子的模樣挺笨拙。牠重複這動作好幾次，直到一隻暗粉紅胸膛的雌鳥來相伴。牠們嘰嘰啾啾地交談。雄鳥的銀背羽離我好近，伸手就能摸到。牠尾羽輕彈，靠得愈來愈近。我摒住呼吸，做好準備，就在那一刻割草機隆隆響起，我們的邂逅也被搞砸了。

六月二日，星期六

我跑過長草地，衣服沾上令人陶醉的香氣。我停在阿奇代爾堡的巨大橡樹前，臉頰貼著樹皮，感受那老邁、粗糙的外皮，它的保護層。我聽到它呼吸，我們的節奏交織。我閉上雙眼。

三百年的生長，三百年風華鼎盛，三百年邁向死亡。每思及此，便覺自己渺小如竄爬於這巨偉生物皮上之蟻。

將近五世紀來，它一直支撐著螞蟻等數百個物種。我背靠樹幹坐在草上，仰望樹冠深處。葉片在微風中閃爍，我的身體也散發光彩。一隻蒼頭燕雀的雙音符節拍引發了其他親族鳴唱，牠們全都在枝頭同樂。一場私人演出。我聽了一會兒，在被遠處惱人的嘈嚷干擾前離開。我沾沾自喜。在最完美的時機離去，蹦蹦跳跳地回到池邊跟其他人碰頭。

天空從這裡看起來頗令人生畏，迅速積聚的雲翻騰著。它們似乎神不知鬼不覺地自天而降，從我們之前沒看到的某處藍空滾滾湧出。不到兩分鐘，天幕開啟又閉闔，然後有閃爍的光在眼前疾射：蜻蜓，那絲滑的翅翼上刻著石炭紀的地圖（當其祖先與恐龍一起翱翔時，雙翼的展幅達六英尺）。牠們無聲地陡升，像渦輪加速的光點，翅膀閃耀著，讓我們一窺千萬年前的景象。

我發現一隻天藍晏蜓（common hawker）在進行空戰，追擊蒼蠅，將牠們捕進由六隻腳構成的細長籠子裡。兩隻紅色豆娘（damselfly）停在一片樹葉上，交配時身體扭接成心型：雄豆娘緊扣雌豆娘的頭後方，授予精囊。牠們雙雙飛走，依然黏在一起，因為有另一隻雄蟲試圖介入。

雨一直沒降下來，於是我們裝滿觀察盤，撈捕到石蠶蛾（caddisfly）的幼蟲、水虱、羊角螺（ramshorn snail）、豉甲蟲（whirligig beetle）和水蛭。牠們扭擺、蠕動、彈離彼此，擠在一個被拿來觀察池塘生態的彈珠盤裡。我們五雙眼睛，不分大人小孩，都閃耀著喜悅的光芒。此刻，我們每個人不僅與小托盤上的生物相連，也與夕陽下所有在周遭活動的生物相繫。

六月五日，星期二

暮春和暖，花園裡眾芳齊放。日照悠長，陽光燦爛，彌補了一波波在學期末朝我襲來的疲憊與惱怒。我總是搞不懂友誼——那到底是什麼？兩個以上的人彼此間動作和言語的集合，而人會長大和改變。根據某些人的說法，它顯然是好事。但我沒有任何經驗。我的意思是，我在學校裡跟一群人玩桌遊。我們一起玩，一起拆解遊戲。我們並不「交談」。有什麼好說的呢？有時候，我覺得自己一旦開口，可能就不會閉嘴了。這真的發生過，還發生了許多次。結局並不圓滿。班上的同學會結伴在鎮上閒逛，可能一起玩足球或其他受歡迎的運動。但他們也不交談。他們嘲笑任何不同的人。很不幸的，我就是異類。跟班上每個人都不同。跟學校裡大多數人都不同。但今天下課時，我看著白鶺鴒（Pied Wagtail）飛進又飛出鳥巢。有這樣的事物相伴，我怎麼可能覺得寂寞？野生動植物是我的避難所。當我坐在那裡觀看，大人經常問我還好嗎。彷彿正常人不該只是坐著端詳世界，理解事物，觀察其他物種如何過活。野生動植物從來不會像人類那樣令人失望。在我眼中，大自然有種純淨的特質，不裝腔作勢。我看著白鶺鴒又進進出出，再湊近窺探，只見上星期的蛋已成幼雛。鮮黃小喙，嘴巴無聲開闔。這正是神奇之處。這隻鳥，在操場上眾人腳邊飛舞跳躍，幾乎沒人注意。牠活力四射，發條似的尾羽持續抖動，從不碰觸地面。牠又出現了，開始認真大聲抱怨。我在心裡偷笑，以免被人瞧見。我必須忍住那麼多，汰除那麼多，實在累人。

回家後在花園閒晃，注意到第一株開花的漢葒魚腥草（herb robert），粉紅色的野花襯著一片翠綠。我將它記在我的花園「初現」清單上，感覺很好。我聽見爸爸下班回來，帶著一隻受傷的蝙蝠。她是今年的第一隻蝙蝠，我們照料牠——雌蝙蝠一年只產一隻幼崽，每胎都非常珍貴。我們餵牠吃麵包蟲，拿牛奶瓶蓋盛水。蝙蝠的嘴好小，我用布拉妮的畫筆將水滴在牠舌上，希望感覺像從樹葉或水窪舔舐露珠。脫水是受傷蝙蝠的主要死因，所以得設法讓牠喝水。但隨著牠們逐漸好轉，就會把麵包蟲像義大利麵般地嚼下肚。

牠們是如此無害而膽怯的生物，實在擔當不起電影與萬聖節的無聊炒作。牠們可以控制蟲害：一隻伏翼蝙蝠（pipistrelle）一晚能吃掉三千隻小黑蚊。若無足量的蝙蝠族群，你能想像蚊蟲大軍將如何毀掉野營假期？簡直不堪設想。

蝙蝠睡在我房裡。牠們總是睡在我房裡，因為這兒很安靜，遠離麥克阿納蒂家其餘房間的熱鬧。每當有蝙蝠待在我房裡，我總會睡得很沉。聽到牠在夜裡活動的刮擦聲，我毫不害怕，覺得被撫慰。

六月八日，星期五

上學時，我的腳步和心情沉重如鉛：蝙蝠沒能活過那晚，我們不只失去一隻蝙蝠，也失去原本可接續的每一世代。她的傷勢（是一隻貓所造成）太嚴重，爸爸認為她死於感染。我傷心欲絕。我已考完所有的試，卻高興不起來。

放學後，洛爾坎和我回到家，聽見媽媽和布拉妮尖聲歡呼。「幼鳥出來了！幼鳥出來了！」媽媽喊著，那孩子氣的歡喜，我認識的許多小孩不到八、九歲便已失去。這興奮令人陶醉，我也受到感染，覺得飄飄然。我們從窗戶望見剛冒出的煤山雀（Coal Tit）、藍山雀和麻雀棲息在松枝上，張大嘴巴，吵鬧、喧騰，聲勢壯盛。望著這嘈嘈嚷嚷的一幫，我明白自己將等不到其羽翼豐滿的那天。如果我們搬家。

關於搬家，我一直處在徹底否認的狀態。但明天我們要去唐郡的卡索維蘭（Castlewellan）找房子——這個小鎮離我們在新堡（Newcastle）的學校六英里遠（爸媽說新堡房價太貴，我們住不起）。我不確定自己是否真的為這整件事感到氣惱，抑或思索它時偶爾出現的心癢感其實是興奮的跡象：重新開始也可能令人興奮。那是重塑自我的機會。

媽媽注意到我的心情轉變。我盡力給她一個大大的微笑和擁抱。這對我們每個人來說都不容易，但她和爸爸將承擔大部分的工作——以及操心。

打從我有記憶起，每一天，媽媽都會要我坐下，要大家坐下，說明我們必須面臨的每種狀況。無論去公園、電影院、某人家或咖啡館。每次她都會細心教導我們如何應付各種場面：社交暗示、手勢含義，倘若我們不知該說什麼，有些現成的回答可用。圖片、社交故事、圖表、漫畫。許多人指責我「看起來並不自閉」。我根本不懂那是什麼意思。我認識許多「自閉者」，各個看起來都不同。我們並不是什麼可辨認的品種。我們是人類。如果我們看起來與常人無異，那是因為我們拚命掩飾真實的自我。我們強忍情緒，努力克制。要花很大力氣。但更費力的是媽媽從以前到現在一直在做的工作，儘管她看來一派輕鬆。她告訴我們因為她知道。她深知自己童年的痛楚折磨和困惑。她希望我們的經驗會比她自己的好。這就是為什麼她和爸爸要負起為搬家操心的責任，為什麼媽媽要負責所有的規畫，繪製心智圖[35]，而且會想辦法知道每件事如何嵌合在一起。我很幸運，非常幸運。

六月九日，星期六

天氣好極了，像夏天一樣，我有件新「低調」T恤（上有「My Perfect Cousin」（我的完美表親）字樣），穿起來感覺很好。不曉得為什麼，我喜歡那種把部分的自己印在上面招搖的T恤。也許因為它若沒把人嚇跑，就會開啟話題，用不著我費力。話說回來，無論哪種情況都還不曾發生！

我們看了第一間房子，看得出媽媽很討厭它。我也不喜歡。感覺它每部分都被擠壓，雖然從樓上可望見莫恩山脈[36]。第二間好多了，但需要大整修——視野非常棒。兩間都沒讓任何人心動，所以今天到此為止，謝天謝地。由於還不到中午，我們決定去探索卡索維蘭森林公園（Castlewellan Forest Park），這座公立森林包含了原生樹林和針葉林造林地，有赤鳶（Red Kite），甚至還有一汪湖泊和一條山徑。洛爾坎和布拉妮已經來過，但我是第一次造訪。景色好美。我心中升起一股期待——假如我們搬來這裡，就能住在森林旁邊。我們可以接近樹木！也許不用再擠在郊區裡。我可以騎單車而毋須擔心汽車。

你瞧，這對我們小孩來說多麼重要。我們無法像父母輩那樣親近大自然。現代性與「進步」剝奪了我們接觸野生動植物和野地的機會。我們的探索途徑被發展、道路和汙染切斷。說真的，你若選擇在恩尼斯基林的任何地方騎車，就只能自求多福。道路壅塞、繁忙且不友善，尤其對我們這種想停下來仔細觀看的人而言。我們總是得大老遠地跑到森林公園或自然保護區充電解癮，再回到硬梆梆的混凝土和修剪整齊的草坪。想想我們居然可以住在森林旁！

這個念頭持續迴響，我心滿意足，簡直欣喜若狂。大家都有同感，陽光閃耀，燕子、普通毛腳燕（Common House Martin）和雨燕在頭頂飛舞，放眼皆是，多不勝數。我從未同時見到這麼多隻，沒看過三種一起出現。令人陶醉又激動。我們全都蹦蹦跳跳，互相彈撞，側眼斜睨，抿嘴微笑。懷抱希望而忍住不說。

我們在公園發現一座和平迷宮，為紀念一九九八年的《貝爾法斯特協議》[37]而建。它有六千棵紫杉，由附近社區的五千名學童和民眾栽植。我們橫衝直撞地穿過它，來到一道繩橋前。我停下腳步，拿出雙筒望遠鏡：赤鳶，一共三隻，盤旋、滑翔、攀升、俯衝過我們頭頂。令人瞠目結舌。我們呆望著天空，可以感覺到一種家庭共識正無聲地傳遍每個人：這可能會是居住的好地方。

長途開車與一天的活動令人筋疲力竭，我們駛回沃倫角（Warrenpoint）的奶奶家，在那裡過夜。艾爾西（Elsie）奶奶的後花園風景絕佳，可以望見卡林福德湖（Carlingford Lough）、莫恩山群和庫利山脈（Cooley Mountains）。那裡的每一天看起來都不同，有微妙的色彩變化，山頭的雲也聚散無常。今天麻雀吱吱喳喳，太陽還高掛著。我們決定晚餐前需要沿著海灘再散步一回。

我們一面走一面淨灘，但今天垃圾不太多，所以有充分的時間探索。洛爾坎獲得本日最佳發現：一片被海磨平的墨魚骨[38]，柔滑如絲。所謂的墨魚骨其實根本不是骨頭，而是一片內殼，通常來自繁殖後幾週便死去的雌墨魚，這些頭足類動物（cephalopod）的骸骨之後被沖上海灘。洛爾坎找到的這片，上面有常見於軟岩與黏土的那種海筍洞[39]，洞裡似乎還有生物活著，所以我們趁它還沒乾掉，把它放回海中。我們找到另一個已乾透的帶回艾爾西奶奶家。

夜裡，我和洛爾坎睡一間房，在黑暗中壓低聲音卻難掩興奮地談論搬家的事，直到我們倆都像石頭一樣沉入睡眠。

六月十六日，星期六

美好的日子接連而來，融到一塊兒，分不清哪天是哪天。有時燠熱難耐，花園已深受其害。草地乾枯，而過完這星期，學校就要放暑假了。

剛剛才得知我受邀下週去蘇格蘭。媽媽接到伊瑪．魯尼博士（Dr. Eimear Rooney）的簡訊，她任職於北愛爾蘭猛禽研究會（Northern Ireland Raptor Study Group）。我之前見過伊瑪幾次，一次在灰澤鵟日（Hen Harrier Day），另一次在募款健走活動後，所以她知道我有多熱情，尤其是對猛禽類。現在她邀請媽媽和我執行一項任務，跟隨我心目中的另一位英雄：神奇的戴夫（Dave，他有姓氏，但因其工作性質敏感，我不便透露），他將帶領一場為蒼鷹（goshawk）繫上衛星發報器[40]的旅程。

蒼鷹！聽到這消息後，我坐下來翻閱一本猛禽觀察圖鑑，停在「*Accipiter gentilis*」這頁，那是蒼鷹的學名，字義為「溫和的鷹」。我曾在大犬森林聽過牠們啼叫，從針葉林深處傳來的鳴聲震碎一片寂靜，但我從未親見其廬山真面目。再過不久，我說不定就能捧著一隻了！真難以想像，完全無法置信。我將會學到好多好多。

我把自己捲回現實，想起今天要去大犬森林朝聖。四週後我們就要搬家，這將是搬家前的最後一次造訪。一切發生得好快，但我們找到了房子。它看起來很不錯，院子裡有花楸樹（rowan tree），馬路對面就是我們上週探索的森林公園。雖然大家今天早上都興高采烈，我卻看得出爸媽臉上疲憊憔悴的神情。媽媽一直忙著打理我們的就學事宜、教育需求聲明和中學課程選擇，並安排搬運家具，同時，她還繼續在家裡幫布拉妮上課。

我們出發時很開心，卻沒做好準備，面對在大犬森林建立的情感牽繫。在這裡，我看見人生中第一隻灰澤鵟從樹林騰空飛起，我們聽見蒼鷹的叫聲。我們在此野餐、交談、發生意外，也遇過倒楣事。這地方塑造了我。很快的，我們將不再有許多機會回來，像現在這樣漫步林間，懶散地遊蕩好幾小時。或許有一天，新的森林公園也會孕育出許多回憶，但我連這麼想都覺得像是背叛。

爸爸、洛爾坎和布拉妮去爬小犬岩，媽媽陪我坐在湖畔的老位子守候灰澤鵟。兩隻優紅蛺蝶（red admiral butterfly）讓我分了心，牠們在一束陽光裡繞著彼此迴旋，追逐光線，看得我們眼花撩亂。我本能地往上望，一隻大鳥——肯定是猛禽——飛過頭頂，隱入西卡雲杉林。不會吧。不可能！是牠嗎？我顫著手勉強調焦，從鏡頭中拉近那展開的黑白翅翼，像兩片穀倉門在風中撲拍。媽媽和我不敢置信地尖叫。一隻魚鷹（Osprey）！媽媽迅速傳一張照片給伊瑪，她證實我們已經知道的：這隻鳥出現得太晚，因此不會是過境候鳥，牠神祕的身影或許是個徵兆。魚鷹有可能再度在愛爾蘭繁殖嗎？我們興奮地跳到空中，但隨即鎮靜下來，再等灰澤鵟一會兒。隨著分分秒秒流逝，我開始心痛如絞。不只是因為灰澤鵟沒現身，不只是這樣。我們不會再回來這裡，守著這個地點等待灰澤鵟。我覺得哀傷。深深哀傷。

譯注

1 boulder clay，黏土、礫石和砂的混合體，由冰川堆積而成，透水性差，承載力高，常成為地下水的隔水層，可做重型建築物的天然地基。

2 Enniskillen，位於北愛爾蘭西部，為弗馬納區（Fermanagh District）行政中心，鎮上最古老的建築建於十五世紀；鎮名典故見〈詞彙表〉。

3 Sligo，愛爾蘭西北部最大城鎮，也是斯萊戈郡郡治，屬愛爾蘭共和國。

4 dog violet，泛指不具香味的堇菜屬植物，俗稱紫羅蘭。

5 聖凱文（Saint Kevin），愛爾蘭聖人，奎維恩（Caoimhín）為其愛爾蘭語發音。西元六世紀時，他在威克洛郡（Wicklow）的格倫達洛（Glendalough）建立修道院，後被奉為都柏林的守護神。他也被視為烏鶇的守護神，傳說曾有烏鶇在他伸出雙臂祈禱時，停在他掌中築巢產卵，而他為了避免驚擾烏鶇，維持同樣的姿勢不動，直到幼鳥離巢。

6 Confirmation，亦稱堅信禮，天主教「聖事」之一；領堅振者須選一聖人或聖女之名，作為堅振聖名。

7 kitchen extension，一種融合廚房、餐室與休閒的空間設計，通常由主屋向院落延伸，並裝有落地窗和天窗。

8 mealworm，擬步行蟲（一種甲蟲）的幼蟲，是常見的寵物飼料。

9 Castle Archdale Country Park，位於弗馬納郡下厄恩湖（Lough Erne Lower）畔，為北愛爾蘭七座公立郊野公園之一。參見〈詞彙表〉「Country Park」條。

10 Wassail，古老的祝酒詞，意為「祝君健康」，亦是歷史悠久的冬日活動，主要有兩種形式：一群人挨家挨戶唱歌祝酒，或持火把繞巡蘋果園唱祝酒歌，並從特製的酒盅共飲傳統香料蘋果酒，這種熱飲也被稱為wassail。

11 Whooper Swan，又稱大天鵝，喜群棲於湖泊和沼澤地帶，覓食時頭頸伸入水中，呈倒立狀，飛行前需經過一段助跑才能順利起飛，振翅緩慢。

12 四個孩子的名字分別為Aodh、Fionnuala、Fiachra和Conn，後母名Aoife；參見〈詞彙表〉「The Children of Lir」（李爾王的孩子）、「Isle of Inishglora」（伊尼斯格洛拉島）、「Lough Derravaragh」（德拉瓦拉湖）和「Sea of Moyle」（莫伊爾海）諸條。

13 巴利堡（Ballycastle）是北愛爾蘭安特里姆郡（County Antrim）的濱海小鎮，位於愛爾蘭東北角，有渡輪前往北愛爾蘭最大的雀鳥棲息保護區拉斯林島（Rathlin Island）。

14 西光海鳥中心（West Light Seabird Centre）原為拉斯林島上著名的「倒立燈塔」——為了避開濃霧、引導遠方船隻而將訊號燈置於塔旁，West Light即指燈塔；現由英國皇家鳥類保護協會（Royal Society for the Protection of Birds，簡稱RSPB）管理。

15 drystone wall，不用灰泥黏著，僅以石塊嵌疊堆壘的牆。

16 俗稱「美人魚的錢包」（mermaid purse）。

17 奧克尼群島（Orkney islands）位於蘇格蘭東北部，島民為「Orcadians」。該群島曾於西元九世紀被挪威占領，「Solan」源自古挪威語「sól」和拉丁文「sōl」，是「太陽」之意。

18 根據〈詞彙表〉，此字含有「孤寂感、陰森詭異」之意，但無直接對應的英語。

19 愛德華・托馬斯（Philip Edward Thomas,1878-1917）在一九一四年開始寫詩之前，已是卓然有成的散文家與評論家。他一九一五年從軍，一九一七年陣亡，不僅被視為英國重要的戰爭詩人，對大自然也有獨特細膩的描寫。引詩寫於一九一五年，題為〈水蒲葦鶯〉（Sedge-Warblers）。

20 希臘神話中，阿多尼斯（Adonis）為掌管植物之神，被野豬刺傷，死在愛神阿芙蘿黛蒂（Aphrodite）懷裡。阿芙蘿黛蒂悲泣時，阿多尼斯的血變成鮮紅的銀蓮花。

21 limestone pavement，一種溶蝕地形：裸露於地表的大片平坦石灰岩面，因溶蝕溝隙而呈龜裂狀，形似鋪路磚，故稱「pavement」；此名稱主要見於英國、愛爾蘭。

22 cashel，多建於愛爾蘭鐵器時代，參見〈詞彙表〉。

23 banshee，愛爾蘭語的意思是「精靈墓塚上的女子」，參見〈詞彙表〉。

24 Tamnaharry，達拉的曾祖父在譚納哈里的農場長大，參見〈詞彙表〉。

25 a bluebell wood，指一片林地在春天新形成的樹冠層底下，遍覆著盛綻如織毯的藍鈴花。

26 關於唐派翠克（Downpatrick）、英奇修道院（Inch Abbey）和下段提到科伊爾河（River Quoile）之間的關係，參見〈詞彙表〉「Quoile」條。

27 fat ball，混合了種子的脂肪球，通常置於鳥類餵食器中。

28 芒斯特省（Munster）是歷史上愛爾蘭的四個省分之一，位於愛爾蘭島南部。弗摩爾族是凱爾特神話中的巨人部族，傳說其後裔變成妖精隱居在愛爾蘭，參見〈詞彙表〉「Fomorian」條。

29 春假（late spring bank holiday）一般訂在五月底，英國稱法定假日為「銀行休假日」，用以涵括學校和公司行號的休假，但英格蘭、蘇格蘭、威爾斯和北愛爾蘭各有不同的假日。

30 兒童文學名著《綠野仙蹤》（*The Wizard of Oz*）裡的角色。

31 有些漁民將過度捕撈造成的漁獲減少歸咎於灰海豹，而主張以撲殺控制其族群數量。

32 青貯飼料（silage）多由青綠作物或副產物經密封、發酵而成，主要用於餵養反芻動物；由於要保留原料的水分和養分，必須在作物收成後，趁莖葉秸稈未乾枯時割取製作。

33 此文憑的正式名稱為「中等教育普通證書」（General Certificate of Secondary Education，簡稱GCSE），適用於英格蘭、威爾斯及北愛爾蘭等地十四至十六歲的學生。GCSE課程一般為兩年，包括必修和選修，有各種組合可選擇，學生通常會報讀七到十學科，經考試合格取得證書後，可報讀高中和大學基礎課程。

34 池塘生態調查（pond dipping）是一種自然科學活動：從池塘裡撈取生物樣本進行觀察，以瞭解池塘的生態系統；常備工具有長桿撈網、觀察用的白色托盤、放大鏡和池塘生物圖鑑等。

35 心智圖（mind map）由英國的托尼·博贊（Tony Buzan）在一九七〇年代提出，是一種透過圖像來組織資訊、輔助思考的工具，大抵以一主題為核心，輻射延伸出其他相關聯的元素。

36 Mourne Mountains，唐郡南部的花崗岩山脈，參見〈詞彙表〉。

37 Good Friday Agreement，亦稱《耶穌受難日協議》；一九九八年四月十日（耶穌受難日），英國和愛爾蘭政府在北愛爾蘭首府貝爾法斯特簽署協議，並得到多數北愛爾蘭政黨支持，為一九六九年以來的北愛爾蘭衝突劃下句點。

38 cuttlefish bone，墨魚目動物所含的獨特內殼，又稱海螵蛸。

39 海筍（piddock）又稱穿石貝，長數釐米，是一種雙殼類軟體動物，形似冬筍而得名。其幼體落在沙石上時，新生外殼的一排排細齒即開始鑿磨鑽孔，許多海筍聚在一起，便會讓岩石如海綿般布滿坑洞。

40 satellite-tagging，將太陽能衛星訊號傳送器繫（tag）在禽鳥背上，運用衛星遙測技術（satellite telemetry）標識其位置，掌握其行蹤，進而瞭解其遷徙路線。

夏

我躺在地上，仰望一棵橡樹的枝椏。斑駁的陽光穿透樹冠閃耀著，葉子低聲誦唸古老的咒語。在其有生之年，這棵樹扎根於我永不知曉的景象與音聲，曾目睹滅絕與戰爭、愛戀與失喪。但願我們能翻譯樹木的語言——聽它們說話，瞭解其故事。它們款待了數量驚人的生命：成千上萬的物種藏身於這雄偉巨木的內裡、表面和底下。我相信樹木跟我們一樣，或者應該說，它們激發了人性較美好的部分。要是我們能像這棵橡樹一般，與自己的生態系息息相連就好了。

我時常想像自己頭上有一頂樹葉構成的篷罩，保護我不受這世界傷害。但大半時候都沒什麼用。羞辱累積成絕望。我花好大力氣深呼吸、忽視別人指指點點、揮拳頭，實在筋疲力竭。到了夏至，我覺得自己像去奧茲國途中的稻草人，體內的稻草被掏空。比這徹底的空虛感更勝一籌的是困惑：人怎能如此殘酷？與我同齡者。我這個世代。他們怎麼可以打人、揮拳、謾罵？誰把小孩教得這麼殘酷？為什麼要嘲弄、奚落？這一切恨意究竟從何而來？

但痛楚已經變鈍。他們無法傷害我。再也不能宰制我。我只見世界之美，至少非常努力這樣做。環繞在我們四周的生命如此迷人，令人陶醉。自閉症使我更強烈地感受每件事物：我沒有什麼喜樂篩濾器（joy filter）。當你與眾不同，當你興高采烈，當你盡情享受日常的奇妙豐美，很多人就是看不順眼。他們看我不順眼。但我不想壓抑自己的興奮。憑什麼我該這麼做？

橡樹下一片欣欣向榮，阿奇代爾堡森林生氣洋溢，我則努力對抗空虛。我期盼六月底學期結束，我再度安全，與家人自在相處。成績總是近乎完美，但那是簡單的部分；當大家交換電話號碼，安排在假期間碰面，我卻是呆頭愣腦杵在原地、一臉茫然而尷尬的那個。我想要有所歸屬，卻討厭歸屬的觀念。於是我反其道而行，整個夏天都待在家，天氣好就到戶外消磨時光。總有題目可做：授粉、中世紀、貝奧武夫[1]、詩、音樂；媽媽決意給我們她少女時期從未有的體驗。而我們愛極了，尤其是駕車出遊。旅行。移動。我們從不停滯，不像在學校。

我們並非一直這麼好動。我小時候，獨處比跟別人共處容易。以前我常大哭大鬧，七歲左右最嚴重，如果我們跟其他家庭——其他父母、其他小孩——在一起，那真是活受罪。

陽光使橡樹下的地面亮晃晃的。我看著它在草上閃耀，一段記憶浮現於和暖中。那該是十年前發生在貝爾法斯特的事。一個像今天這樣暖洋洋的夏日，我們剛與朋友一同離開歐默路（Ormeau Road）上的圖書館。我在地上看見一支寒鴉的羽毛，於是撿起來拿給站在身旁的女孩，「我的朋友」。我常做出令她不解的舉動，這天也不例外：她一臉嫌惡地看著那羽毛，然後她媽媽一把抓去扔掉。「真可怕，」她說：「髒死了。」

我至今仍感覺得到體內的熱氣升騰，像粒子湯爆炸撞擊。我無法控制地咆哮，吼得又響又久，把弟弟洛爾坎都嚇哭了。我知道媽媽能從我眼中看出我有多傷心困惑。但她又能怎麼辦？

我還是會想著，那一刻對於在貝爾法斯特街頭身兼母親、朋友和一個人的她來說，究竟是什麼感受？我記得她把我抱起來的感覺，好溫柔，全無責怪。

這並非我試圖送給別人的第一件野生禮物，卻是最後一件。除了家人，我決定誰都不配擁有羽毛這麼美的東西。人們似乎都從一段距離外享受自然：枝頭的櫻花或秋葉很美，它們屬於那裡，但當其掉落地面、草坪或操場上，溼溼爛爛，乾癟粗糙，就沒那麼好了。蝸牛惹人嫌。狐狸是有害動物，獾很危險。這些奇怪的想法像蛛網般纏繞著我，直到把我埋葬。我是那隻討厭的蒼蠅，掌控在他們手中。掌控野生動植物，掌控我。但若你心有所愛，喜悅即在其中，我將開始以這股力量反擊，奪回掌控，驍勇奮戰，理直氣壯。躺在橡樹下，我能感覺到它在地下奔湧，樹根蜷繞著我，源源不絕的能量賦予我力量。

六月二十一日，星期四

夏至始於凌晨三點。夜色深沉，空氣清朗寂靜，我們把行李裝上車，駛向貝爾法斯特的渡輪碼頭。青少年還在慶祝考試結果，踉踉蹌蹌，在黑暗中彼此攙扶著回家。媽媽和我與伊瑪．魯尼博士和肯德魯．科琿（Kendrew Colhoun）博士同行，這兩位鳥類學家將跟我們一道前往蘇格蘭的卡蘭德（Callander）。一次遠征。一場探險。正規田野調查，對象是蒼鷹！我在車裡強忍笑意，因為這一切有點像麥可．羅森寫的《我們要去捉狗熊》。[2]

我們及時抵達渡輪碼頭，沒遇上麻煩。我們每次搭飛機都會遇上麻煩：班機延誤、座位被擠壓。我非常討厭跟別人靠這麼近。這回不同。大人去喝咖啡時，我窩在舒適的躺椅上睡覺。我知道媽媽不會休息，當我醒來，她果然在讀書，伊瑪和肯德魯在一旁打盹。她對我微笑。「我在享受寧靜，」她說：「從來沒體驗過這樣的寧靜。」

我又睡著，媽媽叫醒我時，船已快靠岸。我們到其中一個觀景點看海鷗，看看能不能發現別的。雲漸漸消散，綻露出藍天。我心情好極了，滿懷期待。但我可以感覺到興奮正滑向恐慌。不曉得這天會帶來什麼。會不會出醜？我派得上用場嗎？希望自己不要喋喋不休，機械地複誦關於蒼鷹的資訊。萬一我的體力不足以完成任一項工作怎麼辦？媽媽察覺我心跳加速，將肩膀傾靠向我，說她也會擔心，但一切都會很順利，「我們置身於同類中。」愛鳥的人。慈悲的人。她說得對，一定會很棒的。

接下來的車程既壯觀又怪異：一邊是浩瀚瑰麗的海景，另一邊是平淡透亮的田野，連綿不斷，缺乏生氣，全部是單一作物栽培（monoculture）。這裡比我們北愛爾蘭還要工業化，眼前的景象令我哀傷。不知那些綠野抹殺了什麼生命。

大人在聊天，聽起來都興高采烈，只有我愁眉苦臉，還在想著接下來會發生的事。我試圖預想所有的可能：棲地、尋找蒼鷹的技巧，如何在林地行走或跑躍沼澤[3]。我們有無所不知的專家相伴（而且還會遇到更多），但我仍忍不住把想像的畫面兜連起來，按部就班地思索該怎麼跟人說話。我在心裡演練要說的事，如何保持禮貌，讓自己看起來很投入。我的頭腦咻咻疾馳，在什麼都沒發生前就仔細檢視這天的諸般細節，實在很辛苦。但我亟欲給人留下好印象。

小時候對猛禽的迷戀，逐漸長成想出力保護牠們的熱情。幾個月前，媽媽和我跑躍沼澤，徒步穿越庫卡山脈[4]的三十英里壯麗景致，為一項衛星發報器計畫募款，這是北愛爾蘭首度舉辦此類活動。這項工作需要非常謹慎、隱密，必須追蹤觀察猛禽，好讓生態學家瞭解這些鳥類如何遷徙、在何處築巢，及其飛行模式與行為。我們的蘇格蘭之行就是為此進行培訓，向卡蘭德的科學家學習。同時也是為了目睹保育付諸行動，實地參與。

十九世紀初，蒼鷹被獵場看守人和鳥蛋蒐集者獵捕到瀕臨滅絕，目前在英國繁殖的數百隻蒼鷹，都是人工飼育的鷹隼被野放後產下的後代。我想像近看牠們的模樣，牠們的氣味，牠們摸起來的感覺。我無法停止想牠們。蒼鷹和魚鷹仍舊遭人無情殺害。射殺。毒殺。陷阱捕殺。會有人類認為並覺得可以殘害如此美麗的生靈，在我看來簡直匪夷所思。我感到義憤填膺。

行車途中，我看到鰹鳥潛入海中，一隻孤獨的普通鵟弓身佇立在圍欄柱上。燕子掠空而過，我為牠們感到欣喜，年年如此。雖然關上了車窗，我卻感覺到一陣暖意襲來，因為我依然能在腦中聽見牠們的呢喃歌聲。

雲差不多散了，只剩纖薄的捲雲點綴淡藍天空。我們在半途停下來喝咖啡——我點了杯摩卡，當我低頭發現杯已見底，心想糟了，這種喝法曾害我的頭差點炸掉。我拿起隨身壺大口灌水，企圖補救。媽媽喝了兩杯咖啡——身為夜貓子，多年的徹夜研讀已使她對咖啡因免疫。我們開玩笑說，少了晨間咖啡會讓她從天使變成魔鬼，但我覺得她其實都一樣。

等我們在十一點左右抵達戴夫家，我一下子緊張起來。我知道我們會相處得很好，因為我們都熱愛猛禽，但我只在電視上看過他為金鵰（Golden Eagle）做衛星發報器，而且我每次見到生人都會有這種反應。更糟的是我們已連續奔波六小時，而且比預期晚到。我用力深呼吸。媽媽把我拉住幾秒鐘，握握我的手掌，才讓我繼續向前。

戴夫氣宇軒昂，他的家人和隊友西蒙（Simon）也在場，西蒙有雙笑盈盈的眼睛，非常敏銳機智。戴夫說明我們要做的事，以及這麼做的理由。這是非常勇敢而重要的工作，我感到無比榮幸能加入。當戴夫遞給我一個發報器，我很訝異它這麼輕，小小的科技產品竟能在任何連得上網路的地方追蹤鳥的動向，直到幾年後太陽能電池報銷。理想上，這一切都不必要。科技、保育團隊。時時警戒。責任。心碎。但只要蒼鷹、金鵰、灰澤鵟、普通鵟和赤鳶等猛禽還受到迫害，這種人為干預就有必要。衛星發報器有助於繪製圖像，顯示鳥兒的行進路線和消失地點。

我們坐上戴夫的卡車繼續上路，同車還有他的狗兒們和西蒙，並在途中接另一位保育隊員。抵達一片（原生）雲杉與西卡雲杉的造林地時，還不到中午。我們無法駕車更深入造林地，因此下車帶著裝備步行。陽光溫暖了我的皮膚。我的耳朵分辨出一隻歐亞鴝，隨後有幾隻蒼頭燕雀。

我們不久便找到第一個巢：它下方的地面有鳥糞的痕跡，落枝上也黏著白羽。西蒙和戴夫慎重地擺出工具，其他人則滿懷敬意地交頭低語。他們扣緊安全吊帶，手腳並用，以驚人的速度熟練地攀爬上樹。我站在下面，聽得見上方幼鳥細細的鳴聲。遠方，牠們的母親開始啼叫。她的叫聲暫時還不重複，也沒朝我們撲來。所有的跡象都顯示順利，但我希望她不要難過。

我仰望鳥巢，看得入神，撫摸著戴夫的狗兒讓自己鎮定。我看見一團包裹被裝進橘色的袋子，緩緩下降，充滿希望。我吸進森林裡的每種氣味和聲音。乾爽的松香土地。嘎嘰響的枝椏。某處有交嘴雀（crossbill）；我聽見牠們在閒聊。雖然從未看過交嘴雀，但我忍住興奮，因為蒼鷹已降至地面。我感覺體內有什麼在翻轉。我們抓住繩索底端，從吊帶解下袋子，將包裹放到地上。裡面的幼鳥看起來像秋天的森林捲在冬季的初雪中。羽翼仍十分柔軟，全身閃耀著星座似的斑紋。令人屏息。我們都肅然起敬。牠深深凝視著我。藍眼銳利，尖喙凶猛，但頭頂那簇綴滿星星的棕褐羽冠，卻喜感十足地抵銷了銳氣。

戴夫讓我負責寫工作日誌。我很高興能幫上忙，當他們溫柔地為幼鳥秤重量身，套腳環，繫衛星發報器，我非常仔細地確保所有資料都正確無誤。這場科技演出的細緻精準媲美芭蕾舞，非外科手術亦不具侵入性，結束後幼鳥坐在地上，泰然自若，搖頭晃腦，彷彿仍在巢中。接著再重來一遍：另兩隻幼鳥也被放進橘袋子吊降下來，秤重量身，套腳環，繫發報器。整個過程教我心醉神迷，鳥類與人類間的微妙互動。一個物種與另一物種如此親近，感覺似乎不太對勁，但又無比迷人。也許我只是不習慣而已。

不知不覺中，我開始跟周圍的人說話——西蒙、戴夫、伊瑪和肯德魯。我感到自在。這真的很難得。他們不會取笑或捉弄我。我提出的問題都得到詳細而睿智的答覆，感覺像沉浸在金色的光裡。這是我想做的。這是我想要的：被同類的心靈包圍，秉持關愛、知識與清明做有益的事。這肯定足以平撫我過度活躍的大腦。這肯定意味著我會很快樂。我對事實的無盡需求、對資訊的強烈渴望並不總是讓我輕鬆愉快。但這次不同。因為此時此地我在工作、觀看和感受，這已夠多夠好了。

做完第一個鳥巢後，我們被帶往另一處，先穿過一片柳葉菜（willowherb）盛開的原野，嗡鳴不絕，生意盎然。我一時被優紅蛺蝶和熊蜂（carder bee）分了心。大口吸進下午的芳香。我們繼續前行，進入另一座茂密的造林地，這裡地勢更崎嶇，樹木更高瘦。攀爬到第二個鳥巢顯然要棘手得多。戴夫建議我們圍著樹幹散開，以防鳥兒「跳下」。我往上看：這些樹宛如巫婆細長的手指，搖搖擺擺像在下咒。突然間，四隻鳥兒跳出巢，其中一隻正朝我而來。我的心猛震了一下。牠們降落時大家散開，我退後讓伊瑪和肯德魯接住鳥兒，把牠們安全地帶到繫放站[5]，以便再度開始：用尺量翅翼，放進掛在磅秤上的袋子秤重，在腳上套一個色環和一個英國鳥類信託組織（British Trust for Ornithology）的金屬圈，將衛星發報器輕巧地牢繫在蒼鷹背上。聽起來可能呆板乏味，但我卻覺得神奇而興奮。

觀察這些幼鳥時，我開始打哆嗦。我意識到自己從早晨就沒進食，我們沒時間也不記得事先準備午餐。身體缺乏食物來產生熱量，感覺寒氣一直滲入。我繼續觀察、聆聽、記錄。這有助於暫時忘卻饑餓。戴夫要我抱住一隻鳥，當我將牠貼近胸膛，牠的體溫照亮了我。我開始覺得內在充盈。這就是我。我們都可以成為這樣的人。我與這些鳥兒並不相像，但也不與其截然區隔。也許這是愛的感受，或是渴望。我不確定。這種感受極少出現，我大部分的生活（被學校和功課占滿）都沒有空間容納這種感覺。蒼鷹扭動身子。我安撫牠，再度凝視牠的雙眼——隨著牠漸漸長大，淡藍的眼珠會變成明亮的深琥珀色。我開始想像成年的牠穿梭林間，掠空而過，雙翼收攏，極速急轉，築巢養育下一代。我會再回來看牠嗎？希望這隻幼鳥能活下來。

四隻鳥都被吊升上樹、小心放回巢後，我們走回卡車，駛離造林地，在開往旅館的途中停下來用餐：因久未進食而陷入半瘋狂和譫妄狀態的我們，個個雙頰通紅、樂呵呵的，餐館裡的其他客人大概以為這群傢伙（當然除了我之外）都喝醉了。

長久以來——很可能是有生以來頭一次，大腦沒有保持清醒地解析這天。我一碰到枕頭就睡著了。睡得很沉。

六月二十二日，星期五

我在狹小的旅館房間醒來，日光穿過薄窗簾斜照進房。屋頂的禿鼻鴉在我上方哇啦哇啦叫，搭配雨燕尖亮的歌聲，很適合在陌生地方當起床配樂。我覺得神清氣爽，準備好要迎接即將來臨的興奮。為更多蒼鷹繫上衛星發報器。

媽媽和我住在跟其他人不同的旅館，因此沖過澡、吃完早飯後，我們與伊瑪和肯德魯會合，備足午餐和點心（絕不會重蹈覆轍），然後驅車去戴夫家。我們閒聊了幾句，並在花園裡同戴夫的狗嬉鬧一番，便出發進行另一場冒險。

今天炎熱許多。蜻蜓咻咻飛，蚱蜢在草叢裡顫動，到處是燕子。我們所在的原野毗鄰另一座造林地，是樹林與農田的交界。戴夫打開一個神祕的黑盒子，引發眾人好奇。那是一架無人機，他解釋，若使用得當，可成為神奇的調查工具。他啟動機器，讓它呼呼飛轉，安靜地升空，衝向一片樹林，靈活地飛行，然後停在空中不動：遠方某叢枝葉裡，有隻雌魚鷹在孵蛋。媽媽和我不僅深受此科技吸引，也為眼前螢幕上開始閃現的影像著迷：雕像般的魚鷹眼神銳利，彷彿看穿我們。我好奇她怎麼看那架無人機，如此安靜又不顯眼，只在巢上方停駐片刻。魚鷹起身調整姿勢，露出三顆卵。就這樣揭露了羽毛下的真相。

無人機完成任務，來回不到五分鐘，效率高得驚人。儘管我意猶未盡，還是得收拾器材，不再打擾葉叢裡的魚鷹。時間差不多了，我們該穿過西卡雲杉樹牆，尋覓更多蒼鷹。戴夫警告我們這片森林是沼澤地，最好穿上防水衣和橡膠靴。我們在這片地域上找路前進，以跑躍沼澤的步法跨越水塘、樹枝和鮮綠的泥炭蘚，我感覺腿部的脈搏因腎上腺素激湧而劇烈跳動。人高腿長的戴夫走一步等於我們走三步，為了跟上，媽媽急步趕路，超前我們其他人。我很擔心，因為儘管她能安步當車地爬山，這裡卻非常不同。可說十分險惡。這些造林地，建立在我們腳下蕩漾的沼澤上——只有常客才瞭解其中的祕密和陷阱。

我看著戴夫大步跨越一個特別寬的泥塘，媽媽跟在後面，準備一躍而過。我看那間隔，心知她腿力不夠，果然她一腳踏空，臀部先落水，啪唧一聲人就不見了。我為她感到難堪，也很擔心。令人驚訝的是，她用一隻腿頂住岸邊，將自己撐出水面，婉拒了戴夫伸出的手。她爬上來時靴子仍在腳上，滿身苔蘚和碎渣，我知道她大概覺得好丟臉，但她只是笑著倒出靴裡的水，繼續前行。

我們來到一塊空地，可以看見一隻雌蒼鷹在不遠處盤旋，大聲啼叫。我覺得不安，開始擔心我們的存在驚擾到她。她飛回巢，但又再飛起，不斷盤旋、啼叫。戴夫和西蒙判斷我們最好撤退，尊重她的反應。離去前，我花了點時間在腦中為每件景物拍照，心知這可能是我們今天看到的最後一隻蒼鷹——也許是這趟旅程看到的最後一隻。我將一切盡收心底。橫倒在地上、被我們當成座椅的原木。那片奇異的旱金蓮（nasturtium）——豔橘的花朵襯著覆滿苔蘚的蒼翠樹枝。光線在樹林間跳動的樣子。甚至附近田野傳來的微弱水肥味。

回程中，我們探視另一個巢位，但發現裡面空空的，可能是親鳥棄巢、幼鳥離巢，或更糟的情況。我們站在那裡看，再等一下，還是什麼都沒有。我們決定放棄，走出樹林到田野，在烈日下吃中飯。坐在草地上休息時，戴夫提議上山去看更稀有的鳥類。「你覺得如何？」他問。

我無法按捺熱切的心情，但這表示要跟西蒙道別，他開自己的卡車離去。分道揚鑣前，我滿懷感激地跟他握手——我從他身上學到許多實地經驗，這些實作與待在教室有天壤之別。

當我們隨戴夫駕車離開，我凝望壯麗的朝塞斯[6]，如此崎嶇蓊鬱——這景象讓我想起新家附近的莫恩山脈，思緒很快就飄到搬家的計畫。焦慮又開始叫囂。但我一反常態，成功地把它全部消除。我努力將注意力集中在美麗的峽谷、隆起的丘陵，以及周圍水塘和溪流密布的森林。但願我的人生能充滿這樣的日子。也許可以。

穿越農田時，通過了好幾道需打開再關上的柵門，左彎右拐地駛向高地，終於抵達另一隱密的位址。黃昏時分踏出卡車，迎面襲來一大群小黑蚊。我發現一叢花，看起來是荒野掌裂蘭（heath orchid），旁邊那叢有較常見的斑紋花瓣，都開得很茂盛，與矢車菊（knapweed）爭妍鬥豔，上頭密密麻麻全是食蚜蠅和蜜蜂。到處水聲淙淙。山谷歌唱、起伏、憩息。被造林地包圍許久後，置身於這片開闊的天地，有如深吸一口氣再縱身躍下瀑布。自由落體的暈陶感。

有現成的路——堅實的地面——可走，真叫人鬆口氣。我們架起望遠鏡，對準陡峭的山丘，那裡有道堅硬的石脈通往一個凹穴。我們興奮得不能自已。戴夫從背包取出無人機，再度啟動它朝凹穴飛去。我們滿懷期盼地看著。無人機掠過岩面上方，停留在定點，顯像器移向猛禽的巢。就在那裡！攝影機傳回一隻金鵰幼鳥在巢中的畫面。多棒的景象！我的笑聲在空中彈跳，接著大家都微笑觀看，目眩神迷。幼鳥長到這年紀，親鳥會隔幾天才餵牠一次，所以看到成鳥的機會渺茫。但牠就在那裡：坐在懸崖上、生死一線間的下一代。我們坐在下面，將此刻吸入體內，感覺它的重大。我望著夕陽沉落到山谷背後，幸福的悸動迴盪在胸中。

六月二十三日，星期六

我會知道倉鴞[7]的叫聲，是外公告訴我的。他年輕時在鄉下常聽見，尤其是夜晚從酒館回家的路上。如今，無論在北愛爾蘭或鄰近諸島，都很少再聽到倉鴞尖叫，這表示我將不會體驗到外公年少時聽見的聲音。現代農耕與住宅建設剝奪了鴞的棲息地，滅鼠劑的使用則毒害了該區族群——因為倉鴞以大鼠、小鼠和田鼠為食。除非全面禁用滅鼠劑，否則牠們的未來凶多吉少。

野外活動的最後一天，我們從雙筒望遠鏡發現一隻孤單的雌倉鴞，非常瘦弱，我們知道她可能在極度饑餓下吃掉了自己的雛鳥，而仍需掙扎覓食。她繫有辨識環，因此戴夫和團隊將繼續追蹤她——我們都希望她明年能順利繁殖。

這幾天精采的野外實習便在哀傷而憂慮的氣氛中結束。但現實就是這樣。許多鳥兒沒能存活下來。我非常敬畏戴夫和所有投入此重要工作的人。他們是我的英雄，我很幸運能一窺其作為。追蹤觀察的部分固然令人興奮，但也有等待鳥兒築巢、孵育的負擔，以及當最壞情況發生時的後遺症和悲痛。這項工作想必像騎在擺錘上，快速移動於歡喜、刺激、痛楚和憤怒之間。

開車到渡輪碼頭的路上，我數算普通鵟，看鰹鳥俯衝入水。當我倚著車窗睡著，夢見蒼鷹的藍眼睛、鮮黃的指爪和絨羽的觸感。我緊擁每個記憶。這些事物將照亮未來的壞日子。再過三週我們就要搬家了——我必須牢牢抓住這些時刻，將它們深鎖心中，但始終保持鮮活。

六月二十七日，星期三

乾旱持續著，氣溫仍步步升高。我試著回想上次下雨的時候——是上個月嗎？炎熱的日子接連不斷，熔成一團。這顯然是一九四〇年以來最熱的六月。學期即將結束，拖沓散漫。其他人似乎很享受空閒，我卻飽受煎熬。我喜歡做白日夢和思考，任心智漫遊，好讓它處理需要歸檔或進一步理解的事物。這是我運作的部分方式。但那些似乎形影相隨的閒聊和玩笑令我感到焦慮，除非是我有興趣的話題。我不知如何扮演自己的角色。對於自閉兒來說，學校可能是極不利於學習的場所。過濾噪音難如登天。得花許多力氣才能專心。到了下午三點我已筋疲力盡。然而，我必須回家寫作業，然後設鬧鐘，第二天再重來一次。我必須比大多數「典型」學生更努力許多。但是非這樣不可，因為我想當科學家。我想上大學。我一定得跳過這些火圈，不管它們多麼無聊或討厭。表面上，這會使我們更堅強。成為更好的公民。我不那麼確定。我想到百年來人類獲致的各種科技進展，但我們受教育的方式仍一成不變。一排排身體僵硬地坐在書桌後面，不許亂動。除非是由老師主持的辯論（在我的經驗中很少發生），要發言請舉手。而我們接受它。為什麼？一致。服從。義務。以前我一踏出校門，通常就不再覺得局促不安，而今家裡開始堆滿箱子，推開家門時，不安繼續糾纏。亂七八糟。一片混亂。

我逃到花園看鳥：四處都是剛學會飛的幼鳥，伴著疲憊而憔悴的成鳥。一隻禿鼻鴉沿著發燙的屋頂跳躍，然後在頂端的石板瓦上清理銀色的喙。一跳、二跳、三跳，停。清喙，再來一次。一跳、二跳、三跳。遠方斑尾林鴿（Common Wood Pigeon）又在大聲啼叫。聽起來像我今天腦中的歌：「我不想搬家，我不想搬家。」我無法停止聽見歌詞一遍遍重複。「我不想搬家。」

我撥轉腦袋裡的開關，讓斑尾林鴿聽起來像斑尾林鴿，而不像我。為了拋開那些念頭，我起身走動，來回踱步，然後走去看蝌蚪；牠們如今是幼蛙了，正在我們用磚片和細枝搭的橋（好讓牠們和其他生物能自由進出）上曬太陽。希望我們搬去唐郡前，牠們已長成青蛙，離開這個碎石鍋。我靠得更近些，不小心讓自己的影子投在水面上；小蛙們一溜煙就不見了。

實在熱得受不了，我把書拿到鞦韆上，蓋住臉遮陽。還是太熱。我起身，再度走來走去，又坐下。好煩躁啊。媽媽在為屋側的覆盆子澆水，大聲宣布它們可以吃了。太好了，終於有事可做！我們一起搶進（洛爾坎跑第一），離開時手、唇都染紅，我的煩躁暫停了幾分鐘。

洛爾坎和布拉妮晃回屋裡，我最後還是回到鞦韆，輕輕盪著。我開始想，為什麼生活要投給我這樣的曲球，像這個搬家形狀的曲球。難道是要幫助我長成一個「正常」人嗎？也許吧，如果生活製造出足夠的震盪，我會習慣各種災難，不再那麼擔憂。老實說，內心深處，我知道這永遠不會發生。我可能會以看起來更「能幹」的方式處理事情，但內在的折磨還是一樣。

晚飯後，趁著天氣涼爽，我們決定全家一起出門，來一場黃昏散步。爸爸載我們到貝拉納列克（Bellanaleck），一個距離恩尼斯基林約五英里遠、靠我們鎮上這邊的小村莊。晚間沉落在樹林背後的夕陽餘溫猶存。我看著燕子掠過湖面，沿途捕食小黑蚊。

我會很想念弗馬納這裡的湖泊——四面八方都有水。不管去到哪兒，水總是常伴左右。洛爾坎、布拉妮和爸爸繼續前行，留下媽媽和我靜坐在棧橋上，懸晃著腿，看燕子張嘴劃破水面。過了一會兒，她起身去找其他人。我留在原地，躺下來仰望天空。蜻蜓是我頭頂上的黑圈圈，疾速飛射，像看得見的晚風碎片。我翻身俯視豉甲蟲製造出的漣漪，不曉得唐郡的新家附近有哪些水域。我將在那裡凝望著什麼池塘和湖泊？

七月一日，星期日

花園中首度出現蚱蜢，從草地跳上鞦韆的扶手，在暑熱裡霹靂霹靂響。我看著一隻停在那綠色的金屬上，心想，多神奇啊，竟有生物的耳朵長在腹部，藏在翅膀下——那是會隨聲波震動的鼓膜，使牠們能聽見其他蚱蜢唱歌。每個物種的節奏都不同，以便讓雌性生物選擇正確的對象。我喜歡演化找出這些完美系統和生態棲位[8]

的方式。我從未見過蚱蜢動也不動地坐這麼久，因而全神貫注盯著牠。牠開始用後腿摩擦翅膀，發出尖細的聲音，因為距離近，聽起來很響亮。這戲法逗得我眉開眼笑，試圖追隨牠騰空彈躍的身影。

花園裡的草變得鬆脆褐黃，繁花耀眼如彩虹。拋下這一切的念頭已經籠罩我好幾星期。整個早上我都在奮力抵拒焦慮的惡獸迫近，現在只能眼睜睜任恐慌的流漿升漲。我的心臟狂跳，幾乎無法呼吸。炎熱使我更難受。我伸手抓住座位兩側，指節緊繃。為了讓鞦韆停止擺盪，我雙腳猛一踩地，感覺到腳跟卡嚓一下，隨即明白那是蚱蜢垂死的聲音。我懊惱至極。當一片紅霧降下，我沒聽到自己尖叫，卻看見爸媽和洛爾坎從屋裡朝我奔來，幾乎像慢動作，我感覺他們的手臂環繞我，使勁抓住我，而我腦中砰砰砰的聲音說「每當你試著做些好事，壞事就會發生」。我必須反抗襲捲而來的黑暗。我知道自己必須呼吸。我知道可以緊握最近的那隻手。我感覺得到陽光，但想不起何時閉上雙眼或究竟閉了多久。周圍的話聲是在安撫我，這我知道。我明白。但此刻我被淹沒，完全喪失理智，仍口齒不清地嚷著要挖起園裡的所有植物：「我要帶它們一起走。」某人回答：「我們會盡力而為。」但這明明就不夠啊。我睜開眼，感到虛脫且寒冷，儘管天氣這麼熱。

我站起身，蹣跚進屋，突然在那當下想到：明天不用上學。明天、後天、大後天都不用上學，我可以看見所有的夜晚和白天無憂無慮地向前伸展。

彷彿一陣波浪打上來，再度吐氣時，陰鬱盡散，我又能呼吸了。現在舒服多了，雖然頭暈目眩，但幾乎能看見新的感受在遠方，宛如地平線，而當我想起新家，那念頭也變得輕亮許多，因為它意味著將有新的地方可探索，不同的風景、棲地，這些地方會有形形色色的動植物，根本不必把花園挖過去。

我到底是怎麼想的？

我在後門臺階坐下，注意到鳥鳴不再那麼響亮而激切。少了緊迫感。春天和初夏的工作已近尾聲。這種情況年年發生。我很清楚。明年，烏鶇和其他所有鳥兒都將再度引吭高歌。打從我還是搖搖學步的幼兒，從爸媽床上注視著光影，就知道了。歌聲停息，但總會復返。這領悟看似淺近，卻猶遙不可及，距離太遠，不像是真的。至少雨燕仍在尖啼，牠們還會在此待上好一陣子。我吸入黃昏的各種芳香，注意到薄暮中輕快飛掠的身影——蝙蝠開始出來撈捕小黑蚊。我閉上眼，讓一道滿意的涓流浸潤全身。我很高興自己今天撐了過來，沒讓這天悲慘地結束。沒讓它完全吞噬我。所以我在這裡，享受白日沒入夜晚，溫暖而平靜，蝙蝠取代了雨燕在沁涼的空氣中。

七月二日，星期一

日出和清晨都過了許久，我還賴在床上。斜照入窗的陽光顯示至少已九點多。我坐起來讀一會兒書，享受能在週一早晨這麼做的奢侈。但沒多久便聽見餐盤哐啷響，聞到熱麵包和咖啡的香氣。我起床看見媽媽在廚房，手持大杯咖啡，一面閱讀，一面查看攤在桌上的地圖。她問今天是否該去個沒探索過的地方：「你知道，因為我們不久就要離開了。再發掘一個祕境似乎也不錯。」我瞪著她，目光如刃。探索新地點？好讓我們多一個後悔離開的地方嗎？我感覺怒氣回湧，但克制住自己，將這些晨間想法朝不同的方向推。我提醒自己，我的確想發現新地點。那裡有新的氣味、新的樹可爬，有我尚未遇見的各種生物。

讓自己正向思考，進行必要的抽絲剝繭，不斷跟自己辯論，這番努力一定花了好一陣子，因為當我終於回神注意到廚房，洛爾坎和布拉妮已坐上餐桌。布拉妮吃著可頌，一邊用繩索編東西。洛爾坎在桌上敲打某種節拍，要媽媽關掉BBC廣播四臺的節目，因為那些談話讓他頭痛。但媽媽堅持想繼續聽。「再過五分鐘我就關掉。」她半開玩笑地對他說，如果他可以五分鐘不打拍子，她就不用在關掉收音機後尖叫。洛爾坎停手，收音機繼續喋喋不休，我們開始討論接下來一天要做什麼。

今天是入夏後的第一個好日子，但我們該什麼都不做，因為大家都太累了嗎？還是該好好規劃整天的活動，因為暑假才剛開始，之後多的是時間休息，恢復上學耗損的元氣？（真慶幸我住在北愛爾蘭，七八月都不必上學。）我想出去探險，保持忙碌，所以很高興大家能達成共識。接著是無可避免的辯論：去哪裡？此時爸爸現身廚房，剛好捲入一陣懇求的風暴，各種「拜託」和「我想要」來回彈射於早餐麥片盒與打包箱之間，在餐桌中央撞成一團。

內心深處，我其實不在乎。我只是覺得百無聊賴，想出門，去哪兒都好。上次是洛爾坎選，這次理當輪到我，所以我提議大犬森林。即使我總是選它，這一季我們尚未在那兒看見任何灰澤鵟。我坐等抗議聲響起，果然洛爾坎像颶風似地發難，他想去野泳。布拉妮跟著附和，野泳才是我們該做的事，我等著讓多數決判定贏家。奇怪的是這並未發生。媽媽起身拿一張紙，開始列出每個人在搬家前想去的所有地方、想做的每件事。「洛爾坎：野泳、奇利基根、划獨木舟[9]、棧橋跳水；達拉：大犬森林、灰澤鵟、庫卡山；布拉妮：池塘生態調查、多尼哥的拉斯諾拉海灘[10]、在休閒中心旁的公園跟朋友玩。」媽媽接著分配給每項活動單獨一天，於是人人都覺得自己的心聲被聽見，能跟心目中的特殊地點告別；她還說她和爸爸可以在晚間做剩下的打包工作，所以我們有整個白天可用。她讓這一切聽起來合情合理，雖然過程中仍有吵鬧爭執，但我們全都同意這計畫很棒。之後就回復到原先的狀態：洛爾坎又開始打拍子，布拉妮的繩索散了一桌，媽媽完全錯過廣播節目《女性時間》（*Woman's Hour*），只能深呼吸，跟爸爸一起去為大犬森林做準備。

我們有個簡單的制度，以防止大家為車裡播放的音樂而爭論：每人皆可選一首歌，順序從幼至長：布拉妮〈我的小馬〉（My Little Pony），洛爾坎（凱戈或摩托頭[11]），我（龐克），再來是媽媽（龐克）和爸爸（更多龐克），真是太好了，這等於讓我選三次！

我們去弗馬納各地的車程通常是半小時，這表示音樂會播兩輪——但布拉妮有時可輪到三次，視路況而定。今天就是這種日子，所以當〈我的小馬〉三度響起，洛爾坎和我都翻白眼，努力不在它尖聲高唱人人都是贏家的廢話和其他不可能實現的甜言蜜語時發出呻吟。謝天謝地，終於到了大犬森林！我們迫不及待地滾下車，還主動幫忙提東西到湖邊。

這段步行約十五分鐘，穿過西卡雲杉造林地，進入一塊被皆伐[12]過的林地，上面有些新栽植的樹。幾棵枯木還留在那裡，像高豎的木釘，為猛禽提供了歇腳處。雖然有草地鷚和歐洲黑喉鴝飛來飛去，迴旋啁啾，我有時很不喜歡這裡。也許是那片荒蕪感。若不是有灰澤鵟，我可能根本不會想來。幾年後，當幼株長成單調的樹林，這裡將不再適合牠們棲息——灰澤鵟偏好柳樹和榛樹的雜林。然而，一旦登上丘頂，便會看見絢麗的景色，兩座閃亮的湖泊在遠處招手——你肯定會奔向它們，我們總是如此。

這次，我往下跑到一半就停住腳步，因為湖邊有四個讓我心中警鈴大作的身影——人！我知道聽起來很可笑，但我們極少在弗馬納這邊看到其他人，至少不曾在「我們的」地方——而必須跟別人打交道總令我恐慌。

我強自鎮定，慢慢走向野餐桌。爸媽他們還沒翻過石丘，所以我坐在柳樹後，躲起來喘口氣。我不想盯著陌生人看，於是凝視湖水來轉移注意力。蜻蜓咻咻掠過水面，螺旋槳般的翅翼飛旋，看起來像鑲了寶石的直升機。

全家人都到達時，洛爾坎宣稱要在這裡野泳，現在立刻，因為他看見別人這麼做。爸媽討論該怎麼辦。我注意到那四個身影正爬上岸，擦乾身子穿上衣服，準備離去。說不定他們的感覺跟我一樣。或許真有像我們這樣的人輪班造訪，尋求與世隔絕、一解對荒野的渴念，只是我們通常錯過彼此，而始終以為這裡不曾有別人。我們誠摯地對那家人點頭招呼，但當他們消失在丘頂背後，大家不禁相視而笑——只剩我們自己了。正如所願。

水邊熱得像熔爐。爸爸回車上拿毛巾和潛水衣時（我長得太快，舊潛水衣又穿不下了，只能穿泳褲），我們沿湖邊狹窄的草叢前行，把東西擺好，然後踩進沁涼的湖水，一面吃點心。我在岸邊躺下，望向一排排西卡雲杉。兩年前，一對雄灰澤鵟如箭矢般從樹叢射出，鼓動肩翼，在紫色的帚石楠花（heather）映襯下閃閃發亮。疾掠、騰升、旋舞、翻滾。[13]不曉得我還會不會在這裡見到牠們。幾乎整季都不見其蹤影，少了牠們，這地方顯得了無生氣。我感覺黑冷的陰影在內心蔓延，直到一隻紅豆娘引開我的注意。

爸爸帶著游泳裝備再度出現。我慢條斯理，但洛爾坎和布拉妮迅速換上泳衣，衝進湖中水花四濺。也許他們擁有更自由的靈魂。他們肯定比我愛冒險，甚至不顧後果。也可能是年紀的關係：隨著年歲漸長，我變得更怕難為情，更在意自己的形象。我仍清楚記得跟他們一樣百無禁忌的自己：不停地說話、解釋，感受強烈，激動難抑。初入青春期的我變得更安靜內向、沉默寡言，留下被人傷害的創痕。

看著洛爾坎和布拉妮在水中，我突然壯起膽子，想加入他們。我很快褪去衣衫，躍入深水。寒冷像一記冰拳打在身上，我倒抽一口氣，皮膚刺痛。我試著跟布拉妮和洛爾坎玩，還是沒用。於是我改成仰泳，把胸腹曬暖，在陽光下瞇眼。我覺得自己變了。還在繼續改變。我把頭浸入水中，轉過身，深吸一口氣，睜大眼睛潛往深處。黑暗迎面襲來，胸口抽緊。這湖彷彿是無底深淵。

我在生活中老是被懷疑追逼。只要有一絲出錯的機率，對我來說就是不容忽視的數字，一種可能性。享受沉浸的渴望伴隨著置身水下的恐懼。或許別人也有同感，只是我從沒問過。

我浮上來換氣，攀划到岸邊，把自己拉出水面。躺在溫暖的草上，感受四周的光亮與鮮明。

馬蠅（horse fly，我們叫牠「虻」〔clegg〕）大舉進攻；牠們是蠅王國的突擊隊，沉默的殺手。牠們圍攻我，也撲襲爸媽。真可惜，因為牠們是如此美麗的生物。美麗卻致命。最後我們再也受不了了。我們決定前往一家本地酒館吃晚餐，一起好好慶祝暑假的第一天。

今天還是沒看到灰澤鵟，但在走下石丘的回程上，至少有渡鴉迴翔相伴，還有隻灰鶺鴒（Grey Wagtail）在岩間跳躍，近乎隱形，除了檸檬黃的胸膛閃現。我興致高昂，覺得輕鬆自在，蹦蹦跳跳，忘了自己是青少年。我邊跑邊笑，大喊大叫，然後全家一起奔跑，童年就在那兒，依然持續著。

七月六日，星期五

走路正變成我最愛做的事。以前我喜歡躺在地上，等生物出現在面前，但最近實在太多心事，完全坐不住。我需要移動。

出門散步時，我們總是亂七八糟的一群。從來無法控制自己的興奮，理直氣壯地奔放不羈。我們的行進常被打斷，因為一片樹葉窸窣作響，一支羽毛閃爍，或一隻糞金龜在推滾糞球。聚在一起固然開心，但我難免受到干擾：聒噪的話語和揮舞的手臂、跑步聲和尖銳的笑聲。這些散步既美好又令人惱火。

今早在弗羅倫斯可[14]也是走走停停，一如往常。洛爾坎和布拉妮連跑帶跳，我卻跟不上他們的興致。我放慢腳步，低頭集中精力觀看。爸爸能同時講話、觀看和發現，我總覺得不可思議——我就沒辦法。太複雜了。假如我這麼做，結果只會錯失一切。洛爾坎陪我走在最後，談起他新近迷上的事物：電玩（尤其是《無界天際》[15]的原聲帶）和蘇維埃共產主義。今天我很樂意聽他說，轉移心思；不必那麼專心地觀察和注意也讓我鬆一口氣。我仍然無法忽視出現在眼前、閃閃發亮的東西，但像這樣隨波逐流感覺也挺好。

在山毛櫸、樺樹和懸鈴木的蔽蔭下，我們發現樹林中涼爽宜人。漫射的光線使每個人都籠罩在光暈裡。洛爾坎跑掉了，我安於自己的步伐，感受胳臂和雙腿開始產生韻律。我意識到一齣小型音樂劇的發端，隨著每一步而擴展，直到萬物都變成管弦樂團的聲部：歐亞鴝和烏鶇是弦樂，大山雀、煤山雀、藍山雀是管樂，鴉類是銅管，普通鵟的尖啼則是打擊樂。而我的步伐將牠們全部融匯於一致的節拍，我感覺自己升騰、膨脹，然後……一聲尖叫，表示有新發現，但不是我。是布拉妮。我轉身看見她一臉燦笑，手持一支松鴉（jay）的羽毛，整個人都在發光。她是所有與羽毛有關之物的女王，而且等待這一刻很久了。她把它插在髮上，歡欣雀躍。媽媽拍了幾張相片：女孩和松鴉羽毛沐浴在傍晚的陽光裡。我們再度舉步向前，帶著天空的溫暖和布拉妮的發現——我們當中有人發現特別的東西時，大家都會受到鼓舞。我們也以同樣的方式分擔痛苦，因為片刻後又聽到一聲尖叫劃破空氣：「我的羽毛！」

布拉妮雙眼圓睜，淚水盈眶。它不見了。在她的歡欣雀躍中，羽毛掉了。

我們開始循原路折返，搜尋走過的林徑，不時跪在地上翻找。但我們已永遠失去這珍寶。我試著安撫布拉妮——那痛苦如此真實，鋪天蓋地。她哭泣，開始崩潰——我知道那種感覺。我提議背她回家，沒等她回答就一把背起她。我唱著她那些胡說八道的歌，光線洇滲開來，像天空在淌血。我感覺她的頭靠在我肩上，身體漸漸放鬆。我們繼續走，透過邁步來驅散悲傷，走了超久——從我背痛的程度便知道，不停地走，直到布拉妮再度按捺不住想蹦跳的衝動。

她從我背上滑下，轉向媽媽，媽媽攬著她說：「我的松鴉羽毛可以給妳，從蘇格蘭帶回的那支。我們可以把剛剛發生的寫成故事，配上我拍的照片。」布拉妮向媽媽點點頭，伸手要她牽。

明知不可能再找到那支羽毛，我們仍繼續搜尋，無論是走在林徑上、離開林徑或穿過林下植物，希望有別的珍寶來取代我們共同失去的東西。突然間，它出現了，一聲響亮的呼嘯衝破寂靜：一隻田蟋蟀在餘暉中歌唱。我們全停下來聆聽。從遠處看，我們想必像一群怪人，傾身斜向一叢懸鉤子。但對我們來說，此刻卻神聖無比。一個微小而孤獨的生物擁有提振我們精神的力量。一隻唱歌的昆蟲轉化了一場人類的災難。

七月七日，星期六

書架空空的。牆上不再掛著相片或畫。我們的聲音迴蕩在廚房裡——處處瀰漫著空虛，即使在一天最忙亂的時刻。

我位於舊車庫的臥室堆滿打包箱，這樣我們就不必在屋內面對它們。那不再是我的房間。海報和證書已從牆上取下，週期表被捲起，化石、貝殼和頭骨皆已打包，連同翅翼、羽毛和海玻璃。空間猶在，但我已離去。我不想再待在那裡。而且我得習慣和洛爾坎同住一房，因為搬進新家後將維持這種安排。

我盡量不去想那會有多難受。共享空間。我將必須體諒別人，我們倆都得這麼做。必須想出妥協之道，以獲得我們都需要的祥和與平靜。不過，目前還不算太糟。我喜歡禿鼻鴉聚集在房間上方的屋頂，每天早晨以不同的舞步喚醒我。還有一隻歐亞鴝在窗外唱歌，展現華麗的新花腔。

當媽媽大叫「紅松鼠！」時，我們正聚在廚房吃早餐，玩星座記憶遊戲。好幾把椅子同時刮過地板，大家紛紛推桌站起，衝到窗戶旁。什麼也沒看見，只有一隻孤單的藍山雀在餵食器上。接著有張陌生的臉孔從樹蔭間冒出，小小的身影在草地上頓然前躍，停看跳，停看跳。就是牠，一隻紅松鼠。我不敢置信地盯著。看牠從樹林一路流浪到這個郊區。我伸手拿相機，因為沒人會相信我們。牠就這樣在光天化日下一蹦一蹦地越過我家那片野花，攀爬上樹，在枝椏間穿梭。毫不費力的特技表演，赤褐色的身軀和保持平衡的蓬鬆尾巴，從一棵樹盪到下一棵，直至不見蹤影。其他人都散去後，我仍佇立原地。

當我重返廚房的回音，重返那片空虛，抑鬱取代了歡欣。不到兩星期這裡就不再是我家了。將有新的人搬進來，而他們不會像我們這麼愛它。他們就是不會。

走出門，立刻感覺到今晨的空氣涼爽許多。我坐在吱吱喳喳、剛學會飛的小鳥當中，看著食蚜蠅和蜜蜂採集貓薄荷（catmint）、法國菊（ox-eye daisy）和峨參（cow parsley）的蜜。我吸入所有的回憶，感覺心中漲滿情緒。歐洲金翅雀（European Greenfinch）剛回來，伴著一群紅額金翅雀（European Goldfinch）。我們的迷你森林之焰[16]，我們心中的火焰。我感到一陣痛楚，躺在草地上看雨燕尖啼。我的身體下沉。一心只想沉入地下。

七月十日，星期二

大家都受不了再待在屋裡了——它的空間不斷吼出我們想置身他處的意念。令人痛苦，不管走到哪兒都會撞上。探望所有特殊地點的急迫感變得愈發強烈。我們列了清單，正逐步實行，而日子所剩無幾。今早我們出發去考德威爾堡森林[17]，帶著之前多次造訪的記憶：野泳、石蠶、追逐杜鵑的啼聲，剛破蛹而出的阿芬眼蝶（ringlet butterfly）仍蜷著翅膀，等陽光曬暖才顫翼穿過長草飛走。

結果今天非常炎熱，但我們走在山毛櫸樹冠下，感覺陰涼不少。這些考德威爾堡山毛櫸並非愛爾蘭的原生種，而是在阿爾斯特種植園殖民計畫（Plantation of Ulster）期間，從十七世紀初與其他「珍奇異木」一同引進。當時，弗馬納郡在厄恩湖周圍的許多險要處建造「城堡」——愛爾蘭仕紳害怕新教勢力日盛的英格蘭議會與蘇格蘭盟約黨人（Covenanters）入侵，儘管種種跡象顯示大家正開始融合。所以這些城堡其實是要塞，而位於考德威爾的這座，由諾福克的法蘭西斯·布倫納哈塞特（Francis Blennerhassett of Norfolk）所建，原名哈塞特堡（Hassett's Fort）。它在一六四一年愛爾蘭起義（Irish Rebellion）期間逃過一劫，不像許多要塞被焚毀、居民遇害，但此後亦漸頹圮，變成今日所見的廢墟。

這段歷史長話短說，就是十七世紀愛爾蘭本地人與蘇格蘭、英格蘭新移民之間的衝突事件，引發了族群暴力的連鎖反應，蔓延到愛爾蘭海對岸，點燃英格蘭內戰，促使英王查理一世（King Charles I）被處決，並導致克倫威爾（Oliver Cromwell）崛起——當克倫威爾一六四八年前來再度征服愛爾蘭，愛爾蘭貴族被剝奪財產，三分之一的人口被消滅。這場大破壞的斷層線離我們變動不定的世界表面並不遠，仍然感覺得到。我們深知星星之火可以燎原，一點小事便能將我們捲入失控的漩渦。

我試著想像這些廢墟曾充滿歡笑，而戰爭抹去了笑聲。如今它落入大自然之手：穴居蜘蛛住在地窖深處，樹根蔓生，纏繞的枝椏懷抱著鳥巢、紅松鼠窩和蝙蝠的家。我仰望樹冠，瞇起眼睛，再低頭看流淌在林地上的一灘灘日光。城堡的牆壁傳來嗡嗡蜂鳴，牠們像電荷咻咻發射，忙碌地穿梭於石縫和廢墟長出的常春藤花之間。

我們繼續走向野花盛開的草地，打算在這裡野餐。繁茂的旋果蚊子草（meadow-sweet）閃閃發亮。還有黃花九輪草（cowslip）和毛茛，像閃光燈在草叢間忽隱忽現。我坐下來深吸蜜香。在弗馬納，由於冰磧泥層排水困難，不利耕作（謝天謝地），旋果蚊子草才得以蓬勃生長。爸爸的唐郡——很快就也是我的唐郡了，由於土壤排水甚佳，明年夏天我們大概得到更遠的地方才能看見旋果蚊子草。至少現在，它就在我們面前，為酷暑的熱氣注入甜香。

一隻阿芬眼蝶停在我的襯衫上，我閉眼感覺牠的翅膀在我胸前撲拍。我的耳朵分辨出更多音樂：蚱蜢唧唧響，禿鼻鴉嘎嘎叫，無脊椎動物低聲呢喃，凌風草（quaking grass）和柳葉菜窸窸窣窣。一支曲調陡然響起，蓋過其他所有聲音，三個如狂風拔高的音符。我睜眼坐起，透過雙筒望遠鏡掃視樹叢。一隻孤單的嘰喳柳鶯從山毛櫸樹頂呼喚，因為使勁而鼓起胸膛，抖簌著羽毛。

我低頭看看上衣，阿芬眼蝶已不在，一定是被我突兀的舉動嚇到而飛走。我再次闔眼躺下，想感受四周所有生物的振動。我開始幻想全身覆滿蚱蜢、蝴蝶、甲蟲、豆娘和食蚜蠅——停在手臂、胸膛、臉龐和頭髮上，想像牠們弄得我皮膚好癢，因而大聲笑出來，直到睜開眼睛，猛然坐直身體，刻意甩開這孩子氣的念頭。又來了，我的內心爭戰不休。

我其實還是個小孩，但有部分的我希望被當成大人看待，也表現得像個大人。就是這個「逐漸成熟」的自我，為了某種原因而開始擔心別人怎麼想，並喜歡戳破泡泡，質疑這些時刻的純淨。但我今天完全不想這樣。反而抗拒著，躺下來繼續遐想。反正沒人看見，誰在乎呢。沒人聽見，沒人會來奚落我或給我難堪。我在這裡跟毛茛和旋果蚊子草一起躺著很安全。

我聽見媽媽叫喚。看來我已經與家人分開了一個多小時，於是我過去找他們。經過在田邊站哨的柳葉菜時，我停下來翻找葉片裡的紅天蛾（elephant hawkmoth）的幼蟲，看著數不清的莽眼蝶（meadow brown butterfly）覓食，縱橫於透亮的粉紅花朵上。今天我的身體毫不緊繃。我是流動而自由的。伸出手，幾乎立即有隻莽眼蝶降落。我暫懸在那瞬間，感覺背上熾熱的陽光，鼻孔裡充滿旋果蚊子草的氣味。希望這一刻永遠銘刻在心。

七月十三日，星期五

郊區有時會引發幽閉恐懼。不知是因為這地方本身，房屋、道路和居民，還是從屋裡望出去的景觀。在弗馬納，我們實在很幸運，因為此地的農業還不像東部那樣密集，但在修剪過的路邊和圓環之外，極目所見的遠方農地全是鮮綠的青草，一塊接一塊，有鐵絲網（從前是樹籬）、白色化肥槽、高產量牛群，而且部分由政府付費。一切合法。一切正常。完全可接受。景色很優美，但想想這景色所蘊藏的，以及被它排擠的所有野生動植物，從屋裡望見的景觀就變得更陰冷，開始包圍逼近。這就是為什麼我們要尋找較荒涼的地方——並不是真正的荒野，只是對我們來說感覺像野外。

今天是陰天，但比較清爽，我們拋下農田和單調的綠地朝西南行，由斯萊戈路（Sligo Road）上接馬爾班路（Marlbank Road），地形從草原隆升為石灰岩平面，蘭花和法國菊沿著路邊綻放。接近奇利基根自然保護區的入口時，有個幽靈般的身影從車窗外滑過，每個麥家人都轉頭望向左邊。須臾的靜默後爆出一陣歡呼：我們發覺一隻雄灰澤鵟剛飛過，令人意想不到的信使。整個夏天都沒看見一隻灰澤鵟，而牠就這樣出現，喜悅的靈符，賜予銀亮的內在光芒。

車裡滿載歡欣。人人眉開眼笑，直到我們推推搡搡地滾下車，追去看牠的身影沒入柳樹叢，仍煥發著光采。我們停下腳步，自然而然地互相擁抱——這就是我們麥家人會做的。情不自禁。我們想分享愛，分享在這種時刻感受的歡悅，與彼此分享，也與我們所在的地方分享。媽媽比平常更用力地抱緊我們，我差點以為一切會爆發出來，所有深藏的悲傷，不斷要把我拉下深淵的黑暗。這就是為什麼我們也稱奇利基根為「麥克阿納蒂禮拜堂」。它是我們獲得安寧與純粹喜悅之處。

雖然我們各自朝不同方向尋找更多寶藏，但將我們綁在一起的無形紗線卻強韌如蛛絲。我馬上在凌風草中看到一個暗綠金色的身影。我躡手躡腳走近，在一旁的石頭上休息。看牠脈紋鮮明的翅膀開闔，露出赭黃與漆黑。那是銀斑豹蛺蝶（dark green fritillary），沐浴在朦朧的陽光下。我看著牠飛起，輕鬆地滑過草地。我觸摸牠方才停駐的位置，想拾取牠的溫暖。不曉得這裡是否也有沼澤豹紋蛺蝶（marsh fritillary butterfly），於是我坐下等一會兒，直到焦躁再度降臨。我得站起來繼續走路才行。

愈漸明亮的天光下，我發現爬滿朱砂燈蛾（cinnabar moth）幼蟲的千里光（ragwort）；這種野花具毒性，會危害牛群馬匹，因而遭農人百般咒罵，但它對所有的授粉昆蟲裨益良多。若在夏季仔細觀察千里光，定會看見花朵洋溢著生機，尤其是黃黑相間的朱砂燈蛾的幼蟲，像慢動作的手風琴沿著草莖往上爬。

頭頂上有隻孤單的普通鵟在悲啼，我轉身看牠展開羽扇般的雙翼，在附近的田野上空盤桓。腳下的石灰岩平面被溝槽和細流切割，在水與光陰的磨蝕下變得平滑。間隙中除了蘭花和矢車菊還長著魔鬼牙山蘿蔔（devil's bit scabious）。透亮的田野連成單調的綠海，普通鵟盤旋在其中一塊上方，尋尋覓覓——接著陡然急墜，撲上獵物。那塊田剛剛給了普通鵟食物！我低頭微笑：這些田裡也有生命。大自然總令人驚奇不已。只有透過觀看，我們才能挑戰自己的偏見，將其清除，為各種可能性留下空間。太陽穿透雲層，一束光打在普通鵟身上，為牠戴上一頂光環。我激動得皮膚痲癢發紅，不由自主地跳到半空中。

七月二十五日，星期三

我們搬家了。這事已發生。不只搬家也搬到不同的郡。如今我住在唐郡的卡索維蘭，一個小型現代住宅區。花園裡有各種原生樹木：花楸、白蠟樹（ash）、櫻桃樹和懸鈴木。樹幹爬滿常春藤，森林公園就在馬路對面。過去幾天有如旋風，現在黑暗盤據我心，我始終沒有書寫的動力。我常聽到「抑鬱」（depression）一詞，但不知此刻的感受就是抑鬱，還是對於生活改變的正常反應。日常運作吃力得像是要蹚過糖蜜。焦慮不斷攀升，花在內心交戰的精力，巍聳如環繞著我們新家的莫恩山脈。

上週在搬家期間，我和克里斯．帕克漢[18]一同為其主持的全國「生物多樣性快閃調查」[19]拍攝影片，該計畫評估並記錄英國全境五十個自然保護區的野生動植物。我在慕洛克海灘（Murlough Beach）拍攝，離我們新家僅十分鐘車程；對於去探索一個將會變熟悉的地方，我感到非常興奮。這也是我首次參與群組計畫。我一向獨立作業，但此次將與許多年輕人一起報告，這其實不難，因為我談的是我所喜愛、令我熱情澎湃的事物。問題出現在後來，當比較與評論開始湧進社群媒體。這時我的身體才沸騰起來。

真沒想到我會有如此強烈的懷疑感。他們用來稱讚或批評我的言詞似乎在螢幕上不斷放大，直到我猛然察覺自己在尋求關注和認同。這是我未曾有過的經驗。多年來，我只顧做吸引我的事，沒想太多，而且通常獨力進行或跟家人一起，多少與世人的眼光隔絕——並非我一直活在自己的泡泡裡，只是沒什麼人來探看或關心我在忙的事。但這次，因為跟其他年輕人、社會運動者和保育專家一起，我突然發現自己執迷於比較我和別人的言詞舉動，甚至面孔。令我心煩意亂。

如果我會這樣，別人想必也難免。這所有比較豈有盡頭？過程中定會忘卻宗旨，我們也會迷失。崩解中的生態系亟需支撐，野生動植物亟需保護，然其迫切性卻為人類的自戀與不安全感所凌駕。上星期在推特上的執迷使我心悸加劇，除了斷線關機別無他法。我至今仍在關機狀態，但熱忱和興奮已被玷汙。那些言詞傷害我，而我只想傷害自己，因為這一切帶來的羞恥、內疚和迷惘。

我是個沒用的人：常聽人對我這麼說，通常是當我蹲在地上、摀著耳朵的時候。這話已在我腦中迴響多年，卻是首次從我口中說出。你是個沒用的人。

我做了我一向會做的事。非做不可的事。回到慕洛克灣的沙丘，同媽媽、洛爾坎和布拉妮一起，與浪花、海豹和蝴蝶為伍。漫步於許多人走過的小徑，聽一隻赤胸朱頂雀（Common Linnet）啼囀、雲雀鳴唱、群鷗叫喊。每一步都在努力恢復腦中的平衡，與周遭和諧共處。這片景致——山脈、海岸、海、沙、森林——將形塑我剩餘的青少年歲月，我必須現在就關注它，讓身體融入其中。

身為自閉兒，我是個完美主義者，總是在設法證明自己其實是冒牌貨、失敗者。很多人都比我更符合條件：在社群媒體擁有大批追隨者，談吐得體，儀表端正，為野生動植物請命，對氣候變遷義憤填膺。我始終相信自己是挺身而出，也開始感覺我的聲音被聽見。以自己的方式，我以為我是在協助捍衛大自然——透過在地方上、學校裡採取行動，藉由記錄資料對科學做出貢獻並且參加抗爭。我的個性並不適合四處奔走、反覆陳述自然界飽受殘害的統計數據，因為它們不在我的經驗內。這讓我感到絕望，只想把頭埋起來。這表示我很軟弱嗎？我是否太麻木不仁？這表示我不在乎嗎？倘若它使我關閉自己，別人又為何應該傾聽？我就是格格不入。我不是那種人，無論身心都不允許。我必須接受自己的局限，或許也包括長處。我希望能協助找到解方，此刻卻覺得自己成了問題的一部分。

真高興我們走出屋子，逃離尚未拆封的打包箱。我在魔鬼牙山蘿蔔上發現一隻六星燈蛾（six-spot burnet moth），紅黑相間的翅膀停歇在紫花冠上，哥德風衝撞上皇室風。這些微小的野生生物照亮了慕洛克灣的陰天，我躺在沙上聽浪，承諾不會再失去自我。我必須停止了結自己性命的念頭。我不願想像沒有我的世界。我發誓再也不會讓情況失控至此，若開始抓住悲傷不放，就要跟家人談。

這整件拍片的事，比較、尋求認同，也許是因為有更深的創傷。說不定我拿這一切當藉口。很難解釋多年來霸凌者留下的重壓。他們在我身上烙下標記。我也不想這樣。不知不覺中，我被吞噬、淹沒。它侵蝕掉我的喜悅。

要怎樣才能克服？

如何知道他們不會再來傷害我？

為了在捍衛自然的戰鬥中盡一己之力，我必須從粉碎刻板印象做起。每天吹熄一縷無形的黑煙，冷卻並淨化心靈，為重新做自己而深切努力。這需要時間。我必須有耐性。

八月一日，星期三

我不斷在夢中重回弗馬納郡的奇利基根，麥克阿納蒂「禮拜堂」。雙手觸摸石灰岩平面，兩腳踩踏土地。醒時還聞到弗馬納的氣息，但我已不在那裡。

我在新房間裡，洛爾坎正在筆電上作曲，掩蓋了遠方疾駛的車聲。我強忍這些日子醒來時總會湧上的淚水。弟弟見我醒了，跑過來說：「捏一把，捶一拳，每月第一天。」[20]我對他咆哮，猛力揮拳。他喃喃咒罵著走開，被我的反應搞得莫名其妙。一陣黑霧捲來，我躺在那兒，五臟六腑劈啪翻攪。

窗外飄進絲滑的聲音，一個音符接一個，輕輕將黑霧吹散，直到我能清楚聽見它，近乎沙啞，熟悉又陌生。我起身拉開窗簾，見一隻雄烏鶇在潮溼的草上跳躍、啄食，掘出好吃的便跳上樹籬。幼鳥從林下樹叢探出頭給親鳥餵。我挪動身體，以便更舒服地觀看——幼鳥隨親鳥跳著三步舞：跳躍、啄地、餵食，再來一次。幼鳥不斷啾啾喊餓，音調的節奏已與親鳥相近。

我們尚未掛上餵鳥器——記得在舊家取下它們時，大家都淚流滿面。當時還沒開始下雨，但我能從空氣中聞到雨將落的氣息。我坐在花園，因為搬家工人在屋裡，而我受不了靠近他們。我縮進矮牆後的鞦韆椅，扯著草葉，任鼠婦爬上雙手。我看著一隻園蛛（garden spider）吐出長絲再急忙躲到石頭後面。我慢慢站起，望著後門，見門把被壓下，媽媽出現。她朝我走來，我至今仍感覺得到她環抱著我。我剛剛一直在哭，又繼續在她懷中發洩了一會兒。但我不能全發洩出來，實在太多了。我控制住情緒。然後就到了離開的時候，雖然房屋並未清空。搬家公司開來的貨車不對，因此到處仍堆滿東西。我聽見他們討論接下來的安排，但那只是一團鬧哄哄的聲音。

其他的事我不太記得了，如今我們身在唐郡，弗馬納感覺好遙遠。我必須繼續過日子，順其自然。真慶幸現在放暑假。不敢想像搬家和轉學同時進行。想想所有我必須去認識的人。不過，自從我們搬來後，發生了一件奇怪的事。隔壁有個男孩，年紀比我小一點，但對什麼都感興趣，也喜歡玩桌遊。因為天氣好，我們常一起坐在戶外，玩牌聊天。我甚至指給他看一群正橫越庭院地磚的螞蟻，牠們列隊行進，抬著麵包屑和（不可思議的）一隻小步行蟲（ground beetle）。那一刻，我讓真實的自我溜出來，因為太興奮而任面具滑落。但他沒笑我，也沒以怪異的眼神看輕我，反而蹲下來跟我分享這一刻。跟某個不太熟的外人一起觀看的經驗很不一樣。老實說有點膚淺。但最奇怪的是有同伴。這種遭遇幾乎不曾發生在我身上。之後我們繼續玩牌聊天，我感到一種微微的輕鬆自在，到現在仍覺得很棒。

黃昏時，我們帶蘿西到卡索維蘭森林公園散步，真不敢相信它離我家前門不到三百步——若翻過後院籬笆，距離就更短了。蘿西經常跟我們一起散步。強壯沉靜的守護者。她現在挺溫順，而且服從——此特點遺留自她的競賽生涯，那段日子早被遺忘，除非突然出現槍響或汽車引擎轟鳴等噪音。我們叫她「自閉狗」，因為她老想走同一條路。我們若沒全員到齊，或媽媽沒跟我們一起，蘿西會突然停下，腳掌死命抵著地，說什麼都不肯往前走。記得有次爸爸在獨自散步時打電話向媽媽求救，因為蘿西堅決不肯移動。媽媽只好拖著我們一道出門，親自帶她走。自那時起，我們便常開玩笑說媽媽是掌門狗。母狼。

交通有點壅塞，但我們輕易逃脫，享受晚間的空氣。可以肯定的是，在舊家就無法這麼做。繁忙的路況綿延數英里，過了恩尼斯基林更是川流不息。

在卡索維蘭裡散步很自在，我跟媽媽聊天，因為我答應過自己，也答應過她，不再藏著心事任其化膿。我先告訴她我好想念我們在弗馬納的那些地方，這裡樣樣都很奇怪，很不一樣。「聞起來不同，」我解釋：「不是不好，只是不同。聽起來也不同，是好的那種。這裡肯定有更多鳥，更多昆蟲。」

我接著跟她說起隔壁的裘德（Jude），我的新朋友。她聽了露出微笑，兩頰的酒窩變得更明顯——她累的時候就會這樣。她也出現黑眼圈，看到它們，我想要發現每件事物的美，並保證不再讓霸凌者壓垮我。我被這麼多愛環繞。我想為她這麼做。我想為自己這麼做。四周處處都是美，所以有什麼難呢？

夜幕很快降臨，該回家了。我們在湖邊掉頭，循來時的環湖步道折返。在陌生的地方摸黑行走令媽媽感到不安，於是我們加緊腳步，愈走愈快，最後拔腿衝過馬路。

快到家時，媽媽抓住我的胳膊，在愈漸深濃的夜色中駐足看黑影從馬路一側飛到另一側。蝙蝠。由於後院外的街燈故障，我比平常更清楚看見牠們在周圍忽隱忽現。媽媽和我笑起來，興奮難抑。我們衝回家：我找到蝙蝠偵測器，穿過廚房到後門外。花園裡有更多身影從樹上發動——我忘了偵測器的存在，看著這摺紙般的生物翩然起舞，只比夜色亮一度，牠們飛向空中覓食時，靈巧的蝠翼形成奇特的角度。我們何其幸運，每晚有這些飛翔的哺乳動物相伴，還為我們吃掉害蟲。

媽媽轉身進屋，我待在外面仰望夜空。我注意到一種新的感覺，空氣中的嗡嗡聲，一陣悸動使我望向花園裡的醉魚草（buddleia）。有什麼奇怪的東西在騷動。它充滿活力，裡裡外外散發著動感。當廚房燈亮，所有人都跑到我身邊——先是洛爾坎和布拉妮，然後爸媽也來了——我才明白自己剛剛一定在大喊大叫，卻一點也不記得。

我們一同驚奇地看著數不清的銀斑夜蛾（silver Y moth）在紫花叢上歡宴。有些飽啜花蜜，醉倒暫歇，之後再續飲、迴旋、飛舞，動個不停；即便休息，翅翼仍抖顫如暴風雨中的葉片。褐底銀斑的羽狀鱗片閃爍著星塵，保護牠們不被我們其他的夜行性鄰居吃掉。我覺得最妙的是，銀斑夜蛾能混淆蝙蝠的回聲定位，即使被獵捕仍可逃逸，留給蝙蝠一嘴脫落的鱗片。而我們都在這裡，麥家人聚集在一起崇拜這些微小的移民，也許是第二代。不久牠們也將啟程前往出生地，銀色的星星飛越陸地和海洋到北非。

當這場遷徙的風暴掃過，整個夜晚生氣勃勃，儘管蛾並未發出聲音，少了牠們，夜晚似乎沉寂許多。我們跳上跳下，互相擁抱，一股張力從我們身上同時滲出，流散。讓它去吧，讓它在夜裡被一網打盡，帶向遠方。我們一面閒聊一面望著天空，現在沒有哺乳動物了，但獵戶座、昴宿星團和北斗七星仍熠熠閃耀。這就是我們，站在這裡。所有我們最美好的部分，又一個銘刻在記憶裡的時刻，將在未來幾年的談話中被喚回，重新經歷。記得那夜，當振翅的星星平息我們所有人心中的風暴。

我走進溫暖的屋裡，頭一次注意到沒有箱子了。物件各得其所。架上擺滿書，牆上掛滿畫。這是我們的家，如同在弗馬納的房子，即使日後又有變動，它也將永遠是我們的家，因為，就算一再遷徙，這種感受仍將隨我們到各地。

我在原地輕跳一下——那是我興奮時的習慣動作，揮舞雙手和指頭，伴隨一聲歡呼。洛爾坎喊說我已經好幾個月沒這麼做了。

「你又開心起來了嗎？」他問。

「是的！」我喊道。我想我是。應該吧？

八月四日，星期六

結果並沒有。次晨醒來，受困的感覺又回來，而且整天盤桓不去，包括跟裘德玩牌，以及跟家人玩桌遊《黃色小精靈》（*Gubs*）和《猜謎大挑戰》（*Trivial Pursuit*）

的時候，一直延續到吃披薩，連吞嚥都覺得痛苦。

我信守承諾，對媽媽描述這塊兜頭罩頂、令人窒息的布；隱形的約束衣。我就是沒辦法掙脫。一串串念頭在腦中飛馳，毫無意義或方向。我不時踉蹌跌撞，失衡脫節，缺乏目標又雜亂散漫。爭戰。總是在爭戰。

媽媽認為探索新地方或許能引發鬥志，擊退這些感受。她也告訴我，我需常懷恩典與感激。「緊擁它們，」她說：「寫下生活中所有的好事，以銘記在心。」她當然是對的，但我得用上全身每一束肌肉才能同意。

最後爸媽宣布全家要一起出遊，儘管布拉妮連聲抗議，她很快就在這條街上交了許多新朋友，想出去跟他們玩。我更內疚了，因為出遊的目的是要幫助達拉。但在車裡挫折感愈來愈重。這裡與弗馬納真有天壤之別，唐郡的每個停車場都客滿。到處都是人。我們繞來繞去徒勞無功，決定還是回家算了，但回程中出現一個空位，在血腥橋（Bloody Bridge）——這令人毛骨悚然的名稱是為了紀念一六四一年起義期間遭處決的新教徒，他們原本被押去交換一群天主教囚犯，卻出了可怕的差錯，結果被驅趕到岩石上殺害。

儘管有段陰森的歷史，也可能正因如此，這裡的風景有種奇異的美。我可以感覺到一陣微風從海上升起，冷卻了沿岸的熱氣，在它吹拂下，我聆聽海浪拍打岩石的韻律，胸口的連番重擊亦漸停息。

我們翻過陡直的梯磴，沿狹窄的小徑下行，一側是岩石與海，另一側是乾石楠原（dry heath）。我們在較寬的路段駐足欣賞美景。三名男子在岩上釣魚——我忍不住想這真是件蠢事，但也許只因我目前最不需要的就是更多腎上腺素。

我在志留紀（Silurian）的角頁岩（hornfels）上坐下——地衣使這些岩石顯得不那麼粗糙，想想它們已經四億多歲，是大陸碰撞、海洋生物從滅絕中恢復的結果。我凝視花崗岩脈紋，用手指描它們。岩石的沁涼帶來撫慰。好幾隻鷦鷯（Eurasian Wren）幼鳥跳越岩石過來，爭相以嘹亮的啾鳴掩蓋彼此的聲音。牠們停下來張嘴呼喊，獲得辛勤的親鳥回應。我不覺莞爾，接著咯咯發笑。牠們靠得更近了，毫不畏怯我弓身靜止的身影，小小鳥兒竟能叫得這麼大聲。這也是我們祖先的音樂，一隻耳朵聽浪，另一隻聽鷦鷯手足合唱。雙軌立體聲。這是大自然的聲音；大自然影響著其他一切，無論我們知道與否。

我往下走向岩間潮池[21]，布拉妮和洛爾坎已脫掉鞋子，像鷦鷯般在平滑的志留紀裂隙間跳躍，偶爾蹲下觀看。我也脫鞋加入他們，感受花崗岩的冷冽。我們望進生機盈溢的潮池。寄居蟹匆匆爬過我們浸沒的雙腳間。我感覺到蝦虎魚（goby）和鳚魚（blenny）輕搔，等指海葵（beadlet anemone）揮舞著內緣鑲一圈藍珠的緋紅觸手。我碰觸其中一隻，皮膚立刻被吸黏住——這些觸手的確有刺細胞，稱刺絲胞（nematocyst），但無法穿透人類的皮膚。觸手縮回，我也是。但我已穩穩地回到我喜歡的生活裡，探索、觀察、學習。我也開始敞開心房，聒噪的觸角伸向爸爸，分享我們目睹的生命的相關知識。感覺真好。

天色漸暗，氣溫下降，我們穿鞋著襪，踏上歸途，好讓布拉妮到家後還有時間跟朋友玩耍。她等不及要見他們，興奮地衝下車，一馬當先，但隨即被我們追上，因為她突然停下來驚呼，亮晶晶的眼珠又有新發現，這次是一隻綠虎甲蟲（green tiger beetle）的翠綠光澤。我們俐落地把牠關進罐子，以便觀察一下牠如何移動，這閃閃發亮的寶石，對螞蟻和毛毛蟲來說可是凶神惡煞。癡看半晌後，我們放走牠，見牠如標槍向前飛射，不愧是世上最迅捷的昆蟲之一。我躍上臺階，享受著失重的快感。明天也會一樣嗎？

八月七日，星期二

當我們初臨，雙腳輕踏
赤足著地，我們是毫無重量的
旅人，容許復甦與
再生，留下足夠的
敬畏。

經過千年鍛鑄，我們不斷
增加無盡的重量，滯悶如鉛的
沉重，留下深刻而持久的
刻痕，發送衝擊波。
消滅。

殘酷，無底洞似的貪婪，橫行無阻，

手腳皆為工業所役。
怪物，噴吐毒素，令人作嘔，
震耳欲聾，迴聲不絕的箭。
刺穿。

而今如雷鳴轟然，肆無忌憚地踐踏。
摧毀曾經豐饒的路徑。
我們無助觀望，麻木而疼痛，
空洞的呼聲縈繞在虛無的空間。
等待。

停止。我聽到希望，特意大步向前。
腳步聲懇求必要的行動。
偉大的心智颼颼運轉，引導改變，
鄭重要求我們的重量

減輕。

我想要鳥鳴，處處有翅翼撲拍，
蟲聲嗡嗡，再無毒害或破壞。
只求增長的種植必須結束。
我的世代是否將見正義
揚升？

八月八日，星期三

每天我們都到馬路對面多探索森林公園一點，一小塊一小塊地品味，像交朋友般慢慢認識它。我們發現松鴉和禿鼻鴉的祕徑。我們爬上一堆堆枯枝落葉層，偏離步道很遠。我感覺自己恢復了精力，還有食慾。連日來我都不覺得餓，但隨著腦中的空虛被新鮮景象和聲音填滿，腹中的空虛也再度需要食物充填。

日子正發展出一種我們大概都渴望的模式。搬遷和適應的顛倒混亂已漸過去。我們在屋裡安頓下來，也愈來愈習慣森林中的野餐。其中一天，前天，有隻冠小嘴烏鴉（Hooded Crow）停在我腳邊。一隻雄亞成鳥，當牠跳過我的腿，我可以聽見牠移動的刮擦聲。這讓我想到《祕密花園》（*The Secret Garden*）裡的一段話：「任何人都可能有更離奇得多的遭遇——只要他夠理智，當腦中出現討厭或沮喪的念頭時，能及時記得把它推出去，方法是放進一個愉快而堅決勇敢的想法。兩件事物不能同時占據同一空間。」

八月十一日，星期六

我們正開車前往安特林峽谷群（Glens of Antrim）中，位於農夫谷（Glenariff）的冬岡奈爾水庫（Dungonnell Reservoir），參加灰澤鵟關懷者年會。與會者來自各地，藉此機會同聲譴責對所有猛禽的迫害，並分享各自觀看灰澤鵟的經驗。

我有一陣子不曾參加中、大型聚會，感覺胸腹裡打了好幾個巨結。我開始帶著假笑胡亂應付這一切，遇見人就隨便說幾句，直到魯尼博士（我喜歡叫她蒼鷹伊瑪）出現。我們談魚鷹、赤鳶、無人機、一般鳥類，輕鬆流暢，讓我心情愉快許多。可惜不能跟她聊一整天，我們得分別應對其他來打招呼的人。

你瞧，所有這些聚會，都會有人好意告訴我，我多麼鼓舞人心。我的推文讓他們的日子好過許多。我的部落格、倡議和談話多「了不起」或「精采」，有些人甚至說我是「年輕人的絕佳榜樣」。我厭惡這一切。老實說，我覺得自己像假冒者，不值得任何讚美。這讓我感覺極不舒服，因為，這樣說吧，為什麼他們不直接協助自己的子女、孫兒女或其他晚輩一起加入呢？做同樣的事。把聚光燈從我身上移開。

我微笑，握手。行禮如儀。

我對於自己這麼不知好歹感覺很糟，只得遠離每個人，沿雜草叢生的堤岸走向水庫，那裡地面焦枯，野花奄奄一息。蜻蜓——晏蜓（hawker）在沼塘上盤旋衝刺，從空中攫捕獵物。孔雀蛺蝶很多——我數了至少十二隻，閃動的色彩和多重眼睛[22]點綴著褐綠的草叢。

回到聚會上，活動逐漸告一段落。今年沒安排任何演說，謝天謝地——我平常對群眾發言的熱情已消失殆盡。也許假以時日會恢復，也許不會。整個下午過去，沒發生什麼大災難，我們返家途中還發現五隻普通鵟。只是在水庫沒看見灰澤鵟。回程也沒有，我懷疑今年有沒有可能再看到一隻。

如今我們已習慣在回到家時接受布拉妮的玩伴熱烈歡迎。我在外面逛了一下，突然有股衝動，想跟這群小孩一起尋找大自然的寶物。我家對面有個社區灌木叢，所以我繞著它，想找根羽毛或漢葒魚腥草給他們看。我不想拿出自己的標本，怕它們萬一從那些小指頭間滑落，或不翼而飛。我注意到灌木叢另一側的地上有團染血帶羽的東西。太完美了！

我跑去拿手套來拆解這個寶貝：是紅額金翅雀的翅膀。我稍微清理一下，很快將羽毛理順，拿給那些孩子看，他們嫌惡又好奇地望著我和翅膀。我放下來讓他們仔細觀察，它光彩奪目，金黑相間，夾雜銀亮的絨斑。我要他們撫摸它，感覺它多麼柔軟。他們並不畏怯，眼眸晶亮。我分享一些知識，因為有些孩子懂愛爾蘭語，我告訴他們紅額金翅雀叫lasair choille，意思是「森林之焰」，並問他們知不知道，聚集成群的紅額金翅雀被描述成一種「charm」（魅力或符咒之意）。他們提出更多問題，我拿出我的書，給他們看一些花園常見鳥類的圖片。誰想得到探看住宅區的灌木叢底下竟能帶來如此光景？我在暮色中神采飛揚。街燈閃爍，一隻歐亞鴝對著它歌唱。我坐在臺階上，小徑和街道已空無一人。不曉得我是否仍散發著光芒，有沒有人能看到。

八月十三日，星期一

天氣熱，廚房的落地窗敞開著。我坐在臺階上跟裘德玩紙牌遊戲，鳥鳴蓋過了車輛來往的白噪音。我們漫無邊際地聊神話和動物和——隨便什麼。我從不擅長交談。那是一門我不懂規則的藝術。我要嘛喋喋不休，不斷拋出資訊，完全沒在聽對方講話，不然就默默瞪著人家，不知如何加入討論。一直都是這樣。但跟裘德說話很輕鬆。沒有第三者，沒有指責，沒有群組，沒有霸凌者。不過我仍保持戒慎，彷彿等著輕蔑伺機溜出，即使是出於無心。更讓人不安的是媽媽在廚房計劃下週去拜訪我們的新學校，我既畏懼又期待。重新開始的機會伴著另一個念頭：那裡沒有我認識的人，除了裘德，我其實不認得這屋子之外的任何人。我還不太想去認識別人。

裘德回家吃午飯時，一縷微風拾起嵌著圓眼的薄翼，吹到我腳邊：一隻掙扎的孔雀蛺蝶。我趕緊拿糖水來，但牠沒反應。我讓牠停在指尖，舉向天空，牠輕輕拍了拍翅膀。我將牠放上醉魚草的花朵，牠啜了一點。我等著，看著，但牠掉落到地上。一個生命的結束。

回想起去年八月，布拉妮在路上發現一隻薄似紙、沾滿灰塵的孔雀蛺蝶，翅膀仍撲拍著。她將牠擱在胸前帶回家，像一枚活胸針，而牠整天待在那兒，任她輕聲細語，供食餵水。當死亡降臨，她把牠放進她的「東西盒」，那是個紀念盒，盛裝曾經活過的生命。盒裡的東西雖然都死了，卻仍活在布拉妮的記憶裡。她愛它們全部。

坐在庭院臺階上，想著布拉妮的盒子，我感覺到一顆淚珠滑下臉頰。布拉妮眼中沒有生存的等級，因此世界上也不該有生存的等級。最微小的生物跟漫遊大草原、翱翔天際或蹓躂林間的鳥獸一樣重要，同樣值得關注和敬畏。對布拉妮和我來說，眾生皆平等。

八月十四日，星期二

孩童嬉耍的尖叫聲從一家旋掃過一家。後窗傳來斷續的汽車和卡車奔馳聲——但不算太糟，因為園裡的樹木為我們屏蔽了馬路。這是我第一次住在有成熟原生林木的房子。爬滿常春藤的樹幹洋溢著生機。

早餐前，我通常會離開洛爾坎在臥室用鍵盤敲出的叮噹響，去瞧瞧花園底層有什麼新鮮事，那裡充滿各種奇妙的東西。由於爸爸在櫻桃樹和花楸樹之間懸掛了一張吊床，在上面擺盪便成了我的例行晨務，直到交通尖峰時間的喧囂令人受不了。從吊床上，我可以觀看大山雀餵養幼雛，間或飛去尋覓毛毛蟲和蜘蛛。此時的幼鳥嫩羽蓬鬆，毛色跟疲憊的父母一樣暗淡；羽毛排列成人字形圖案，纖細柔軟，隱隱泛綠。牠們的呼叫（四聲高亢的「嗶」）很快得到回應。感覺似乎已過育雛期。大山雀一年孵兩窩是常態，但我們離開弗馬納的幼鳥已有一陣子，我不太確定唐郡的這些鳥兒是在撫育第一輪或第二輪的幼雛。我需要進入狀況。這得花時間，但季節很快就會告訴我該知曉的事。歲月的流轉將揭露其祕密。

我閉上雙眼，仔細聆聽那一節四拍的討食歌，直到它被一隻歐亞鴝蓋過，潮溼的空氣中，歐亞鴝串串奔瀉的音符更花俏了。樹葉窸窣，使我驚覺到一隻迥異於成鳥的年輕歐亞鴝——沒有紅胸脯，花呢般的身軀有十來種褐色，冠上有斑點。牠跳到我右邊，在灌木叢進進出出。仔細觀察，可看出牠的嘴喙周緣已無雛鳥特有的那圈白色，羽毛較光滑，開始透出似有若無的紅。牠目標明確地跳著，飛上餵鳥器。我們的首位訪客！餵鳥器已掛上一星期，但直到現在才有動靜。一隻成鳥跋扈地俯撲過來，小歐亞鴝慌忙逃向柏樹籬，不見蹤影。成鳥鼓起胸脯，擺好姿勢，優美地高聲宣唱，演出捍衛地盤的戲碼。

每個人在世上都有一塊地方，自己的小角落。我們必須關注它，懷著恩典與慈悲照料它。也許這可以是我的地方，這個唐郡的小角落，我可以在這裡思索，看鳥，在吊床上輕晃。但這就夠了嗎？關注也是一種反抗、一種叛逆嗎？我不知道，但無論如何仍微笑著，因為隨著一天天過去，我覺得愈來愈輕盈。

八月十六日，星期四

今天花園裡鳥鳴不斷：煤山雀、藍山雀和大山雀，烏鶇、歐歌鶇、歐亞喜鵲、寒鴉和禿鼻鴉，全都在草地上狂歡，啄食餵鳥器。我可以快樂地看牠們一整天，但雨要從東邊來了，所以我們決定往西，到慕洛克海岸繼續享受陽光。我通常不愛曬太陽，覺得它的光太亮，熱度太高，有時會讓我覺得彷彿無處藏身。但比起即將來臨的雨，我寧願置身慕洛克的沙丘上，被溫暖的海風按壓。

這裡的沙丘系統非常古老，已有六千歲，脆弱而壯觀。異常高的沙丘是由十三世紀末到十四世紀的幾場大風暴造成，而在中世紀被人們用作養兔場，以供應肉品和毛皮。吃草的兔子使多草的石楠原（heathland）欣欣向榮，但當多發性黏液瘤[23]於一九五〇年代初次爆發——不僅在此，也擴及愛爾蘭與英國各地，兔群幾乎滅絕。兔子減少後，沙棘（sea buckthorn）和懸鈴木得以生長，石楠於是變成灌叢地（scrubland）。如今國民信託[24]組織已插手管理慕洛克，讓地景回復成石楠，而從大量的糞便判斷，兔群似乎也再度興旺。

天光閃亮，風抖鬆了雲，再塑成各種形狀。洛爾坎和布拉妮想游泳，於是我帶著雙筒望遠鏡沿海灘散步。遠方海面上的身影讓我停下腳步：那是三隻同步出擊、有如魚雷的鰹鳥。牠們俯衝、盤旋，然後驟降，旋轉著直到最後一秒化為箭矢射入水中。燕子在頭頂上——我可以清楚看見牠們輕盈的小身體不斷移動。我覺得自己也隨之升空。

那些黑暗糾結的念頭此刻似乎很遙遠，我感覺如鰹鳥和燕子般自由。倘若牠們能過自己的生活，我不也該如此？我能否呼吸、生活，同時戰鬥？自然界——包含我們在內——面臨如此巨大的挑戰，很容易令人不知所措而抑鬱。但我們一定要克服它，而若我不在這裡好好活著，就不能成為解決問題的助力。是什麼讓我畏縮不前？焦慮？抑鬱？自閉？這些都是枷鎖。我當然能掙脫，或至少可以接受它們是我的一部分。我沒有答案，但這些想法的輕盈明亮，還有這些日子，將我的身心與周遭一切織在一起。真正與我息息相關的只有大自然——我們都是如此。

洛爾坎和布拉妮朝我跑來，我也跑向他們，然後一起奔跑，興高采烈。我們同時放慢腳步，同樣都受到散落在沙灘上的奇特大貝殼吸引。我們一人拿起一個，伸出手臂，展示掌中精緻的瓷盒。它們看起來像蒼白的行星，有細微的凹坑連成對稱的線條。我搖一搖我的，傾聽細沙與往昔低語。這些是海馬鈴薯[25]——一種會挖沙的海膽，泛白的碳酸鈣殼無論在陸上或海中都極易碎，表面的凹坑曾承托一根根棘刺。每一顆都是奇蹟。竟有這麼多奇蹟同時被沖上岸。

我們開始撿拾海膽，洛爾坎決定為其中最棒的三顆取名為珊蒂、山姆和珊德拉。他跟它們交談，三顆海馬鈴薯，我們笑得眼淚差點流下來，直到溫暖的雨開始落在身上，還笑個不停。陰暗的天空下，我不再對自己幫助地球的能力懷有任何疑慮，反而覺得精力充沛，蓄勢待發。儘管渾身溼透，冷得牙齒打顫，仍瘋狂地傻笑著，感覺希望正傾瀉於雨中。做自己就夠了。

八月十九日，星期日

今天的空氣舔起來甜甜的。一連幾天，我像奧茲國裡的桃樂絲一樣大開眼界。我不太確定是怎麼回事。或許腦中的血清素濃度奇蹟似地達到平衡。說不定跟媽媽談和寫下每件事有幫助。我真的不知道。迷霧散盡，我可以看見所有精微的細節。

早上爸爸開車載全家到托利摩爾森林（Tollymore Forest），它成立於一九五五年，是北愛爾蘭最早的公立公園之一。雨停了，過去幾週的酷熱已消退。上車前，我有種奇怪的、扎扎的感覺：原來肩膀上有個小生物。我花了幾秒才明白那是划蝽，離水的划蝽赤裸而難以辨認。我請爸爸確定我沒看錯，大家都對這華麗的生物讚嘆不已。槳狀的後腿仍伸長著，擱在我寶藍的刷毛衫上，彷彿那是池塘表面。若非我感覺到牠，我們可能會錯失這奇妙的一刻——而將我們全家繫在一起的，就是這些最細微的關注。大自然的奇蹟。划蝽開始活動翅膀，接著飛走，消失在視線之外，但留下一個話題當禮物，讓我們一直聊到抵達托利摩爾森林。

到達時停車場人聲鼎沸，讓我們想起至今尚未造訪此地的原因。這種對於感官的猛烈襲擊令我滿懷恐懼。我努力推開雜念，把注意力轉移到大幅路線圖上。我們決定走第二長的「紅」步道，不會太辛苦，但希望遊客少一點。進入森林後，人群的確開始疏散，鳥鳴蓋過了人類的喧譁。

我們家散步時通常走得很慢，但今天我們刻意沿欣納河（Shimna River）越野行軍，過帕內爾橋（Parnell Bridge），以將人群拋在後頭。一片金色吸引了我的目光：一株黏膠角耳（staghorn fungus），擔子果的卷鬚從地面蜿蜒上長。摸起來如海綿，微溼軟。光燦動人，像林地上的一盞太陽燈。我四處翻尋，看它從哪塊木頭長出來，木頭被枯枝落葉層覆蓋，周圍有透亮的苔蘚。其拉丁文屬名 *Calocera viscosa* 是「美麗而帶蠟質」（*Calocera*）和「具黏質」（*viscosa*）之意，但現在感覺沒那麼黏，因為前幾天的雨很短暫，之後天氣便乾燥至今。

托利摩爾自一七五二年起被栽植成植物園，混合了原生樹種和桉樹、智利南洋杉（monkey puzzle）等珍奇異木。托利摩爾產的橡木被用於白星航運（White Star Liners）的郵輪內裝，包括鐵達尼號。我們快速穿越林地，爬到更高處，我停下來聽一隻普通鵟，瞥見牠沉降到樹叢後。再走一段，我彎腰繫靴子的鞋帶，眼前有個被拋棄但絕頂美麗的東西：一個巢。我輕輕拾起它，在手中翻轉，欣賞它如何以細枝、樹根和苔蘚精巧繁複地編織而成，內側還鋪著層層絨毛和羽毛。這個巢為何在地上？我的心思遊走於各種可能性：它被襲擊了嗎？被風吹落？還是幼鳥離巢後，巢就被從樹上扔下？

我帶著巢跟家人繼續走，為其複雜的工藝心生敬畏。一個匆忙的身影冒出來：蜘蛛，背上有十字圖案、腹部有白點的十字園蛛（garden cross）。我喜愛蜘蛛，尤其是十字園蛛和圓網蜘蛛（orb-weaver）。牠們真是迷人——想到人們滿不在乎地殺害牠們，或說牠們有多討厭，就覺得好難過。當十字園蛛倉皇逃竄，我將巢放回林地，儘管我真的很想保有它。它或許不會再為鳥兒所用，但已變成蜘蛛的庇護所，也可能是食物來源。我不願打擾這口袋大的棲地。

我已落後其他人一大段，所以加快腳步，甚至有點連蹦帶跳，因為覺得身為這個家庭的一分子真幸運。等我們抵達霍爾喬（Hoare's Bridge）和細流涓涓的史賓奎河（Spinkwee River），已爬得相當高，可俯瞰寒鴉和禿鼻鴉群聚於下方樹叢，彷彿議會在開會，大概比我們的人類政府有更多有趣的點子。

關於政治，我讀到或聽到的愈多，我以自然界和野生動植物為焦點的反應就愈強烈。單想到北愛爾蘭這裡的情況，就令人禁不住憤怒又沮喪——兩大政黨堅持舊有的分歧，各據一邊。難道我必須進入斯托蒙特堡[26]才能促成改變？難道一切聽憑西敏宮[27]或聯合國決定？我能否從外部爭取變革？

我再次聆聽鴉群，讓牠們的聲音深入內心，直抵記憶貯存處。我也聽見普通鵟呦呦，但看不到牠。我沒試圖搜尋，反而閉眼休息一會兒，聽河水潺潺。一隻烏鶇鳴唱——或許是牠今夏的最後一首歌。

我繼續前行，跑下山坡到阿塔瓦第橋（Altavaddy Bridge），史賓奎河與欣納河於此匯合。流水在岩間噴湧。潮溼的樹根從兩岸伸出，幾乎碰到河面。洛爾坎和布拉妮已脫下鞋襪蹚水嬉戲。我坐在岸邊，一隻糞金龜緩緩爬上我的褲腿——我注意到牠腳上微藍的光澤和烏黑鞘翅的光芒。我拾起牠，放在掌心，用拇指將牠翻面。這些精緻發亮的生物是我們鄉下真正的清道夫，每天消化掉與自己體重相當的糞便。牠們交配的習慣也很奇特：日落後，每對糞金龜會找一坨合適的牛屎，由雌蟲挖出許多洞室；雄蟲跟在後面清理，並於各洞室另置一小包糞便，再讓雌蟲在每間產下一卵——當卵孵化，便有現成的餐點等著幼蟲。這樣的生命循環讓我好開心！多麼美妙又合邏輯。

聽到布拉妮叫喊時，我還沉浸在糞金龜的交配儀式裡，她在岩石上滑了一跤、跌入水中，渾身溼透。洛爾坎也溼淋淋的——顯然他喜歡穿著衣服泡水。媽媽措手不及，只好把自己的套頭衫給他們披上，這兩傢伙擠在一塊，一路啪唧啪唧地蹭回停車場。

八月二十九日，星期三

當屋裡開始迴蕩著薛摩斯・黑倪[28]的詩句，就知道黑莓的季節到了：

像濃稠的葡萄酒：含有夏天的血
在舌上留下紅漬，讓人渴望
採摘

我們整個早上都在路邊和森林裡採集。品嘗第一顆黑莓時，內心深處總會點燃小小的火花。燦爛的甜蜜火焰。隨著果汁流淌到下巴，我又感受到那種自由，乘著電力四射的念頭馳騁：好事壞事，全都會結束。等我吞下整把黑莓，甚至對昨天拜訪新學校時在校長面前一臉茫然的蠢樣，都不覺得那麼糟了。

當時他開始講述在一九七〇年代身為龐克族的經驗，因為他看到我穿著「低調」T恤。我應該為了跟他有共同點而喜出望外的，大腦卻不肯合作。我的頭抽痛，眼耳無法處理任何訊息，胃翻攪著，嘴裡有股腐臭味。幸好這些都隨著我們走覽校園而漸漸消退。副校長似乎有第六感——她給洛爾坎和我充分的時間認識環境，這大概讓我放鬆了些。但重新開始的壓力仍充塞肺腑。也許讓一切更奇怪的原因是這所學校有如我們上個學校的鏡像：它們興建於一九九〇年代，想必依據一模一樣的建築藍圖。我無法運用任何邏輯來克服這一波波感受。我的感官、身體、整個系統都不容我這麼做。

從森林回家，我逃到最喜歡的地方：吊床。空氣涼了些，花園也安靜下來（當然，車聲除外）。山上的陰影拉長，我們曾在那裡看見赤鳶乘上升暖氣流迴旋於高空。鳥鄰居們仍拍著翅膀，燕子也還在，數量日增，共同進食，滿心期盼即將來臨的長途飛行。有幾對燕子可能已在夏末孵出第三窩幼雛，連這些剛學會飛的小鳥也準備好要加入成鳥的行列，踏上飛往非洲南部的危險旅程，途經法國、西班牙東部和摩洛哥，或飛越撒拉哈沙漠，或繞過非洲西岸，或往東沿尼羅河谷南行。這場不可思議的遷徙總是帶給我驚奇和啟發：這些小小的發電所，竟能在與饑餓和疲憊的競賽中，連續六週每天飛兩百英里。當我開始擔心學校和所有的新事物——陌生人、新教室——就想想燕子的韌性與決心。

譯注

1 Beowulf，丹麥傳奇英雄，消滅夜魔，殺死惡龍，其一生事蹟記述於敘事長詩《貝奧武夫》，參見〈詞彙表〉。

2 麥可・羅森（Michael Rosen）是英國詩人暨劇作家，一九七〇年開始創作兒童文學，一九八九年出版《我們要去捉狗熊》（*We're Going On A Bear Hunt*），以諧趣的韻文講述一家人的獵熊冒險，由海倫・奧森柏莉（Helen Oxenbury）繪製插圖。

3 沼澤區的居民為避免陷入泥淖而發明的特殊步法，稱為「bog-hop」或「bog-trot」，要領包括盡量選擇隆起的草叢丘阜落腳，輕快地跨躍其間，並以小跑步通過吃水較深的草地等等。

4 Cuilcagh Mountains，位於北愛爾蘭西南邊界，參見〈詞彙表〉。

5 ringing station，通常是一間木屋，用來量度禽鳥、記錄拍照及繫套標識環等。鳥類繫放在歐洲稱「ringing」，北美洲稱「banding」，日本稱「標識（ひょうしき）」，中國稱「環誌」。

6 朝塞斯（Trossachs，蘇格蘭蓋爾語的意思是「林立的」）在蘇格蘭中部，原指一林木繁茂的峽谷，後擴及周圍的山丘、湖泊，並設立國家公園，卡蘭德鎮位於其東側。

7 barn owl，愛爾蘭語稱「scréachóg reilige」，意為「墓地的尖叫者」。

8 生態棲位（ecological niche）是生物在生態系中扮演的功能性角色，反映出物種對環境因子之適應、對資源之需求及其本身的生存習性。

9 此處的「獨木舟」（kayak）又稱皮艇或愛斯基摩艇，源自伊努特人的傳統獸皮艇，多為封閉式座艙，使用兩端有槳葉的「單柄雙槳」，划船時左右兩邊輪流划，有別於單葉槳、開放式船身的划艇（canoe）。

10 多尼哥（Donegal）為愛爾蘭的一個郡，位於愛爾蘭島最北部，東鄰北愛爾蘭。拉斯諾拉海灘（Rossnowlagh Beach）在多尼哥郡南部，為著名衝浪勝地，距恩尼斯基林不遠。

11 凱戈（Kygo）是挪威知名音樂家、DJ和唱片製作人，也是熱帶浩室曲風的製作人。摩托頭（Motörhead）又譯火車頭，英國搖滾／重金屬樂團，是刺激英國重金屬新浪潮誕生的典範，也參與了一九七〇年代末到一九八〇年代初的重金屬音樂復興運動。

12 皆伐（clear felling）為林業常用的伐林法之一：將伐木區內的林木一次全部伐採，此法雖較簡便經濟，但有破壞鳥獸棲地、不利水土保持之虞。

13 這些都是灰澤鵟雄鳥用以吸引雌鳥的動作。

14 Florencecourt，弗馬納郡的一座小村莊，歷史上被稱為「Mullanashangan」，源自愛爾蘭語「Mullach na Seangán」「蟻峰」之意；附近有位於庫卡山腳的十八世紀建築弗羅倫斯宮（Florence Court），距恩尼斯基林西南約八英里。

15 *Skyrim*，《上古卷軸V：無界天際》（*The Elder Scrolls V: Skyrim*）的簡稱，是一款奇幻類開放世界型動作角色扮演遊戲，二〇一一年發行。

16 紅額金翅雀的愛爾蘭語直譯為「森林之焰」，參見〈詞彙表〉「goldfinch」條。

17 Castle Caldwell Forest，位於下厄恩湖（Lower Lough Erne）北岸的半島上，占地二百公頃，是一座闊葉樹與針葉樹混生的低地森林，以古堡遺跡和崎嶇的海岸風景著稱，現由北愛爾蘭林務處（Forest Service Northern Ireland）管理。

18 Chris Packham，英國博物學家與野生動物攝影師，曾主持《好野秀》（*Really Wild Show*）等備受好評的電視節目。

19 BioBlitz，或稱 Biodiversity Blitz，是由專業學者帶領一般民眾，在短時間內（例如二十四小時）調查特定區域中的所有物種與數量。藉由每年持續進行這樣的活動，將長期觀測的紀錄數位化為生物多樣性資料庫，可為社區規劃與棲地管理提供重要參考。

20 "Pinch, punch, first day of the month." 英國人在每月第一天對親友說的玩笑話，通常搭配動作，以求好運。

21 或稱岩池（rockpool），常見於地形低陷的岩岸，漲潮時淹沒岩石的海水，退潮時被困在岩石間，形成一個個封閉的水池。

22 孔雀蛺蝶的翅膀表面橙黃，腹面淡褐，上下翅各有一擬眼紋，所以看起來彷彿有四隻眼睛。

23 多發性黏液瘤（myxomatosis）是由病毒引起的疾病，在中南美洲的天然宿主是非洲兔，在北美洲是林兔；此病毒對上述物種僅引起輕症，但對歐洲家兔則造成嚴重甚且致命的傷害。

24 國民信託（National Trust）制度一八九五年發源於英國，不同於「國家信託」，是透過捐贈、契約及購買等方式，將環境財與文化財信託給具公信力的非政府組織。

25 sea potato，是心形棘心海膽（Echinocardium cordatum）的俗稱。

26 北愛爾蘭分權政府的議會與行政部門所在，參見〈詞彙表〉「Stormont」條。

27 Palace of Westminster，又稱國會大廈（Houses of Parliament），英國國會所在地。

28 薛摩斯・黑倪（Seamus Heaney,1939-2013），愛爾蘭詩人，一九九五年獲諾貝爾文學獎。下述詩句引自〈採黑莓〉（Blackberry Picking）。

秋

沒有什麼比得上逐漸傾斜的光線，金燦火紅的美景。生命雖處於緩緩凋萎、輕柔催眠的狀態，大地卻進行著一場迸發，在我們腳下串連，一束束菌絲體交織，從黑暗中孕育果實[1]。真菌。森林的果實。我們每天走過這些隱形的構造，渾然不知它們對世上生命的必要。一張妙不可見的連結之網。

秋天的土地氣味如此不同，令人迷醉。大量散發的化合物撼動我的感官。當大地吐息，我深深吸入，掩蓋那蠢蠢欲動的畏懼——害怕即將來臨的新事物。新學校，新人群，新的適應與摸索。悲傷雖不再椎心刺骨，仍隱隱作痛。

過去幾個月在動盪中度過，我決心不去想那荒廢的、失落的日子，而專注於興起的一切。我也從黑暗中興起，躺在林地上、巨大的樺樹下，感受光和土壤的溫暖。

我被五、六株名叫毒蠅傘（fly agaric）的蘑菇環繞。如同它們，我已豁然開敞，感覺更柔韌，更強大。多年的殘酷譏嘲、毆打、排擠、孤立和無助——所有潛在的傷害，在意義和目的映照下皆顯得微不足道。我的人生有了新使命。我不能只是愛自然界，更須大聲疾呼以幫助它。支持並保護自然是我的義務，我們每個人的義務。我們的維生系統，我們彼此連繫，互相依存。

但書寫就夠了嗎？感覺似乎不夠。遠遠不夠。我得想出別的興起方式。

樺樹的葉片使光線漫射。毒蠅傘是綴著雪花的嫣紅寶石，閃耀燦亮，觸動記憶，一幕幕往事閃現：我又回到四歲，蹲下來面對一位白長髮、戴眼鏡的男士——我也剛開始戴眼鏡。他有個裝滿「森林果實」的木盒；每種不同的真菌都令人著迷、愛戀、如癡如醉。我感覺到那種連繫，你懂吧，即使在那麼小的時候。所以我專心聆聽，不停問那人問題。我並沒記住他全部的親切回應，但親切的印象銘刻在心，從而點亮火花，燃起對學習的需求。

我不記得那天其他的部分，要是記得該多好。它聞起來像什麼，我聽到哪些聲音？我究竟說了什麼？爸媽有我的照片：戴著眼鏡、神情嚴肅的小不點，顯然興趣大到把撲滿裡的錢搖出來，由大人陪同到水石書店（Waterstones），把銅板攤在櫃檯上，購買我的第一本圖鑑：羅傑．菲利浦斯（Roger Phillips）的《英國與歐洲的蘑菇和其他真菌》（*Mushrooms and Other Fungi of Britain and Europe*）。媽媽也買了一些繪本給我——我最喜歡的是西蒙．弗雷澤（Simon Frazer）插圖精美、文字雋永的《搜尋蘑菇》（*The Mushroom Hunt*）。圖鑑和繪本如今都被翻爛了，書頁磨損摺角，依然備受鍾愛。

我翻身俯趴，盯著這些傘菌直到視線模糊，感覺身體輕盈。被薩滿巫師（shaman）視為神聖的蘑菇，在冬至被當成禮物贈送，也許是因為會引發幻覺（雖然這種鵝膏菌〔Amanita〕致死的案例極少，我仍不想冒險）。但它們好美啊。不愧為童話故事裡的毒蕈[2]典型。有些渾圓小巧，剛開始變紅。另一些比較像地精的圓盤，色澤鮮豔，剝露點點白斑。我碰觸輕軟富彈性的表面，稍微溼潤而帶黏性。嗅聞其氣味：只有一縷淡淡的甜腥。我再度翻身，想著接下來的季節。學校裡的各種新開始——這間學校有一側面朝大海，另一側和背面則坐擁山脈。新的地平線。我發誓要以自己為榮。我有任務在身。我有旅程要走，無疑障礙重重，但它們不會阻止我，就像你無法阻止果實從樹木與土壤迸生。我可以安靜或高聲地戰鬥，心懷謙卑。我能把根柢扎在理念、計畫和希望中。我可以生長。幼苗的階段即將結束，該是長出枝幹、邁向成熟的時候。

九月二日，星期日

我開始在大多數的早晨走路去森林公園。我發現一個好位置，就在和平迷宮後面、離主要步道不遠的草地上，可以待著不被人看見，面對彷彿在冒白沫的柳葉菜，那是它帶羽絨的種子正隨微風飄散。我從這裡眺望地平線上的群山，或看兔子在養兔場忙進忙出——有時牠們來到靜定不動的我跟前，約莫二十隻，一個個抽動著鼻子，蹦蹦跳跳。

在弗馬納舊家，庫卡山橫臥地平線，如平伸的手掌引人親近。保護眾生的高原。現在我們與聳立的莫恩山脈共享空間，它嶙峋起伏，峰谷層疊，是我們的納尼亞[3]。我好想跑進那些裂隙，沿鋸齒狀的邊緣奔馳。隨著時間推移，莫恩群山與我將安棲於彼此之中。

這兒的隆隆車聲不像我家花園裡聽到的那麼響。氣溫開始升高，我躺下來看寒鴉。鳥兒騰躍嬉鬧，發出像電玩「小蜜蜂」的音效，射向林地又回彈。我感覺地面在動，我常這樣，感覺到地底下的所有動靜，生機躍然。它也在我裡面。回家途中，我在一大片柳葉菜旁停下來，聽得見蚱蜢還在歌唱。

家裡很忙。下週二開學，洛爾坎和我的制服掛在廚房門上，像某種嘲弄。衣服空蕩蕩、鬆垮垮地吊著，等著我用身體充填，不曉得日後會不會被別人扯破。我僵硬地朝廚房裡的眾人走去，小心避開制服，在必須穿上之前，盡可能離它們遠一點。地圖攤在桌上，空氣中有濃濃的咖啡香。布拉妮正將蒲公英夾進筆記本，洛爾坎在讀奧斯朋[4]版的歷史百科全書。他還在為共產主義和冷戰著迷——身邊都是畫著鐵鎚和鐮刀[5]的紙張。

當我們（我是指自閉者）對某事感興趣，人們大多稱之為「著魔」。但那其實不是著魔；正好相反，它並不危險。它解開束縛，對我的大腦運作至關重要。它安撫我，使我平靜：蒐集資訊、尋找模式、排序和整理就像我必須活動的肌肉。我偏好「熱情」一詞。沒錯！而且絕對必須讓我們追隨自己的熱情。

我們坐立難安，總是渴望出門開始一天的探索。溫暖召喚著我們，於是我們前往克羅納佛拉[6]樹林，打算好好散個步——不是登山健行，因為我們晚點還有事要做，爬山是為了讓時間停止，需要好幾小時。不過，守護的峰巒無所不在，當我望向前方的路徑，可以感覺到慕克山[7]在背後，像寂寞的巨人不知何故與群峰相隔。我們在停車場停下來採黑莓，在散發椰香的荊豆（gorse）當中大快朵頤。我們循著一條泥土路，跟隨一隻黑喉鴝的叫聲爬上坡，沿著森林邊緣行走。這裡大部分是造林地，但也穿插著一叢叢柳樹和榛樹。

當我們逐漸遠離慕克山的凝視，我可以感覺到步履愈來愈輕盈，心跳開始變慢——我對於學校的焦慮正流入土地。接著感覺到熱切的期待，有什麼在等著我，而當我往下看，有團橘色的東西在拍顫，琥珀色的翅膀閃著薄紗般的光輝：那是紅灰蝶（small copper butterfly），大約十隻，親密交融。有些已憔悴灰敗，有些猶清新光鮮。牠們並肩飛舞，互相倚靠，無論其翅膀已殘破或仍柔滑明豔，無論其旅程才剛開始或已近尾聲，皆不分彼此，合為一體。

我依依不捨地拋下閃耀的蝴蝶，隨家人繞著森林往上走，林間有一團團小黑蚊在樹木的陰涼氣息中爭奪陽光。這段路愈走愈單調，但光線依然奇妙，將幽暗林場的兩側步道染成金黃。蜻蜓在頭頂嗡嗡響。松鴉嘎嘎唸咒。我繼續踏著輕快的步伐，直到眼前的路被積水淹沒——我們要嘛得繞過它，走上荊豆和懸鉤子叢纏覆的邊坡，不然就必須涉水而過。洛爾坎和布拉妮已經在笑著脫鞋褪襪，興奮得近乎歇斯底里。爸爸明白他也得跟著做。蘿西可沒辦法——有些格雷伊獵犬老得很快，尤其若牠們在賽狗場度過嚴酷的少年期。如果弄溼腳掌，她會一臉嫌惡、吹毛求疵地甩個不停——或許過去五年我們太寵她了，但她本來就不是愛探險的狗。媽媽問我們需不需要幫忙，她大方地接過鞋襪，對於涉水的良機表示敬謝不敏，邁步穿過路邊茂密的荊棘叢。對一名少年博物學家來說，泥巴的觸感應該很棒，但我還沒學會享受它——我也不明白那啪唧啪唧的聲音為何如此讓人難受。我選擇硬土地，即使刮痕與割傷在所難免。

我很容易就轉移注意力，發現一叢山桑子上有五隻七星瓢蟲在做日光浴：一隻展開斗篷，振翅嗡嗡地飛了一小段距離到我伸出的手指上。牠在那兒待了幾秒，才慢慢往下爬到我的手腕，六隻腳搔得我癢癢的。當一束陽光照在牠身上，牠就飛走了。我待在原地不動，望著其餘的瓢蟲，光影升降，紅色的亮度隨雲而變。

步道不時被積水阻斷，這種狀況延續了好一段距離——最近伐木頻仍，不曉得是不是這個緣故。這些水坑含泥炭，部分有浮油，泛著虹彩。布拉妮領頭走在深及小腿的水中，把來自拉斯林島的海鸚布偶緊抓在胸前。爸爸和洛爾坎帶著愈發不情願的蘿西跟在後面。洛爾坎是我們公認最能跟蘿西溝通的人。他們感情最為深厚，從他平常哄她走過水窪的樣子即可看出。但今天，在步道盡頭，雖然人類興致很好，可憐的蘿西卻憎厭地甩著腳掌，被這一切搞得惱怒不堪。爸爸的膝蓋也溼了，因為他決定俯身看一隻咻咻飛掠的龍蝨（great diving beetle）。記得在弗馬納，曾有隻龍蝨飛進我家的鳥池，這名投機者令我們讚嘆不已：牠背著一個氣泡，不管到哪裡都自備氧氣，潛巡捕獵，無所不吃。我們轉過彎走出森林，迎面是慕克山，又回到起點。我們盡量把腳擦乾淨，再走一小段下坡路回停車場。天氣好熱，日正當中，白天還長得很。

從克羅納佛拉返家途中，我們在基爾基爾（Kilkeel）鎮外的橋上停車，橋下是白水河（Whitewater），這段河道格外優美，水流湍急，石堰橫亙，最高的岩石長滿苔蘚，滴淌著噴濺上來的水花。鮭魚在此處扭身躍過石堰，於上方池潭稍作休息，再逆流而上。山楂和赤楊的枝椏朝河面懸伸，萊姆綠的樹葉幾乎要碰到水。

我們家在決定目的地時，總習慣選擇鄰近淡水的地方。自從搬到唐郡後，爸爸便一直在拍攝南部莫恩山區的所有河流——他在弗馬納也這麼做：尋覓源頭，發掘故事，探究它們如何與流經之處的語言和文化交疊。我注視著石堰，察覺有什麼在上下擺動：一隻白喉河烏（White-throated Dipper）——又名水鶇（water ouzel），是湍流泳將、攀岩好手，觀溪者夢寐以求的景象。牠在岩間跳來跳去，而後消失蹤影，全被爸爸的相機拍下來。

九月十五日，星期六

最早的一批落葉在我腳邊像芭蕾舞的趾尖旋轉般，飄升、翻滾、飛掠，又墜落。秋意漸生，微風感覺也變冷了。我站在唐納德山[8]的山麓，它是莫恩群山之母，巍然聳立，其他山峰就像圍在她腳邊吵嚷的小孩，拚命想知道她如何長這麼高。奔騰的格倫河（Glen River）淹沒了洛爾坎和布拉妮爬樹的聲音。我坐看湍流激湧，白花花的碎浪略帶土褐色。置身於山影籠罩的廣袤森林間，感覺自己像一粒塵埃。糾結成叢的橡樹根深扎廣延，階梯一路上攀，通往看不見的頂峰，梯級已被數不清的步履磨損。我窩在一棵隱蔽的赤楊樹下，在白日的明亮和嘈雜中尋找一絲微光。這山溪奔流的聲響與我腦中整週來的喧鬧實無二致。

這星期真是一言難盡。週一清晨，我滿身大汗地醒來，心跳急速，胸悶得以為自己會窒息。到了離家上學的時候，我渾身僵硬地踏出前門。接著在停車場說過再見，我對父親發出事先想好的回應，免得他擔心：「謝謝你。是的。會很棒的。我沒事。」

我和洛爾坎從車子走向學校大門，恐懼壓縮了所有一切，青少年的尖叫和閒聊在我腦中放送的音量足以響徹競技場。我走著走著停下腳步，望向足球場彼端的二十來隻蠣鷸：搖搖擺擺，神態安詳，在地上找蟲吃。我感覺舊傷綻裂。洛爾坎拉拉我的外套，要我繼續走，但我甩開他，只想再多待一會兒。我需要記住那黑白羽衣，長矛般的橘喙戳刺地面。蠣鷸開始尖啼，發出哨音和顫音——沒人注意，這也表示沒人丟石子，鳥兒不被打攪。噪音愈來愈大，在未受鼓勵亦無干擾的情況下，牠們騰空飛越樹木和房屋，往新堡灘（Newcastle beach）去。我仰首目送牠們沒入藍天，轉頭看唐納德山巔，想到我的學校就在北愛爾蘭第一高峰、愛爾蘭島十二大山之一的腳下，覺得不可思議。我感到被它擁抱著。唐納德山每天都會陪伴我。一股暖流湧貫全身，解開許多小小的結。

副校長凱倫（Karen）上前迎接洛爾坎和我，帶我們走向體育館。有些學生穿著繡有校徽的帽T和運動衫，其他人跟我們一樣穿外套。每件事物都罩著期待的泡泡，但我們倆都不知道會發生什麼、該遵循什麼法則和規定。

洛爾坎的「夥伴」過來招呼他，我也被引介給我的：菲利克斯（Felix）。雖然起初有點奇怪和尷尬，但開始交談後，便發現我們有許多共同點，像是都喜歡科學和數學。隨著一天飛逝、新面孔不斷閃過眼前，我已經能感覺到友誼的微細火花。這裡有來自加拿大和曼島[9]的學生，表示洛爾坎和我並非唯一的新學生。但什麼都比不上找到與自己相近、也喜歡接受智力挑戰的人。

我之前的學校有個桌遊紙牌社，社員雖不太交談（我們都是自閉症類群的孩子），卻有種同志情誼，是那艱難環境裡的一條救生索。我們有很多人不敢到外面，一出去便立即成為箭靶，彷彿我們戴著鮮豔的霓虹燈號昭告世人：沒錯，來揍我吧，因為我與眾不同。

這裡也會一樣嗎？

菲利克斯像一塊回聲板，透過跟他說話，我可以探知別人對我的想法可能有什麼反應（他也是我藉以瞭解人類的地圖），我在這些幫助下度過整個星期，輕鬆地上一堂又一堂課，享受學習過程，下課和午休時則和他一起逛校園，不停辯論。我不曾在學校說這麼多話，從來沒有。單單這星期，我大概就比整個在學期間多說了好幾千字。我們討論科學、《星際大戰》、自然、數學、哲學、歷史，無所不談。我甚至開始想，當個正常人是否就是這種感覺，但必須打消此念頭，因為我絕不想成為正常人。這種感覺很怪、很陌生。但我大大鬆了口氣。

在格倫河的滔滔水聲之上，我聽見有人叫我的名字。我躲在這棵赤楊樹下沒人看見，而媽媽和洛爾坎焦急的聲聲呼喚，讓我明白自己已待了好一陣子。我起身去找他們，踏進一灘陽光，那裡有人在認真爬樹。我回望河水，一隻灰鶺鴒正對著岩石欠身鞠躬，像水仙子般消失於林下樹叢中。

九月十九日，星期三

今天早上，洛爾坎和我走去公車站時，看到昨晚的狂風造成的損害：樹木傾倒，枝椏慘遭摧折。有些逃脫了裝飾混凝土或陶盆的牢籠。有棵樹，一棵長在人行道的橡樹，倒下來露出根球，它纏結得如此緊密，完全不可能有空間給生命伸展。讓樹傾倒的其實不是風，而是被困限在瀝青中、石板下。我們在上學途中經過它，四周以交通錐圍起，但我還是跨進去，不曉得有沒有人看見我撫著樹皮。我說：「對不起。」

撕裂的人間表面，處處殘破不堪，顯示首要的原因是人，最後才是自然。我跪在樹幹旁，撫摸樹皮，不再在乎路人是否都在看。我從樹枝拉出幾片還青綠的葉子：它們依舊完美。又從枝椏間收集了一把橡實，一一放進口袋，彷彿那是一顆顆微小的希望。我沉重地繼續前行，但心知外套裡帶著美好的東西。

下午放學回家，我們種下每顆橡子。它們不一定能活下來，但一半的機率已足夠，我們不該放棄任何可能。睡前寫日記時，我將橡葉夾進日記本，和羽毛、白屈菜（celandine）、龍膽（gentian）和婆婆納（speedwell）相伴。

有種陌生的節奏在搏動，溫柔又狂烈。已經兩星期沒人霸凌我。兩星期。這是我經歷過最長一段沒被奚落、嘲弄或飽以老拳的時間。感覺很怪，簡直詭異。我為最壞的狀況做準備，因為那是我已習慣、也預期會發生的。我列出用以肯定自我的事項，也貯存了大量來自拉斯林島和弗馬納舊家花園的回憶。我在腦中擬定策略，想好事情變糟時該怎麼辦。甚至寫下談話的開場白，以便在沮喪迷惘時拿給媽媽。不料我每天早晨都與兔子和禿鼻鴉同行並坐，上學，用功，興致高昂地跟好友菲利克斯講話，一面看海鷗和蠣鷸吵架、飛起和休息。回家後還有多餘的精力，因為沒把它全部用在對抗焦慮上。我做作業，寫愈來愈多日記，看鳥，玩電腦遊戲。真不可思議，我竟覺得自己很平常。通常風一吹起便是場風暴。此刻風很輕柔，當它繞著我旋轉，我不禁笑了起來。我很快樂，沒錯，但同時也感到更憤世嫉俗，更強硬。

多年來，我周圍已長出一堵有美麗常春藤的石牆，只有家人和野生動植物能進入。雖然一道道光線開始穿透這一切，我仍心懷戒懼，不知它將持續多久。當陰影籠罩石牆和常春藤，這種懷疑也隨之蔓生。但我開始明白自己大概同時需要光和陰影。它們都是我的一部分，那是我無法改變的。

九月二十一日，星期五

我的社群媒體最近幾週十分熱鬧：博物學家兼電視主持人克里斯・帕克漢正在倫敦籌辦一場「為野生動植物而走」(People's Walk For Wildlife）的活動，要我朗誦〈人類世〉[10]這首詩。我稱它為詩，但不確定它是。我覺得對群眾大聲發言是件好事。以前也寫過幾首「詩」，全都不值得記述，但這一首的文字沛然湧現，我像是「演出」它們，記錄下來，分享在推特上。**赤足著地，我們是毫無重量的……我的世代是否將見正義，揚升？**許多人喜歡它，包括克里斯。我始終很訝異人們會欣賞我說的話和分享的方式。

過去幾星期來，我一直在透過錄製影片和發推文幫忙宣傳倫敦這場活動。預期的場面很令人興奮：數百甚至數千人為了野生動植物而遊行。我並不擔心演說。事實上，我發現人多比較好應付，因為我不必跟人四目相接，而且把聽眾混成一團遠較為容易。對小群體說話才恐怖：你可以感受到他們凝視的熱度，每個細微的表情，每一聲嘆息。不，對許多人講話沒什麼好怕的：我可以消融在那片空間裡。

於是我跟媽媽搭早班飛機到倫敦。我為飛行感到抱歉，我們倆都是，明知排放廢氣對世界造成多大損害。但我們並不開耗油的汽車，也從不是乘噴射機到處旅行的闊佬。我們只去歐洲度假過一次：去義大利，距今有六年了——我仍記得在露營車外的灌木叢裡搜尋，跟蜥蜴一起跪在塵土飛揚的地面，當我將樹枝插在小徑上，看螞蟻一隻接一隻往上爬，那燠熱是我從未體驗過的。儘管不介意去其他地方，我仍較喜歡熟悉的事物。我父母也很少搭飛機，所以我想我們累積的碳足跡不算太多吧。理想上，我們應該乘船或開車去倫敦，或搭火車，但我們目前的財力負擔不起，而且我若剛轉學就請這麼多天假，恐怕會有麻煩。這次遊行感覺是重要的工作，是我們應當做的事。

我已將此詩嵌進腦海，**當我們初臨，雙腳輕踏**，可以一字不漏地背出。**我想要**

鳥鳴，處處有翅翼撲拍，蟲聲嗡嗡，再無毒害或破壞。我感到興奮。也許這對我來說是合適的時機。明天我們將締造歷史。

九月二十二日，星期六

我和媽媽坐在倫敦的旅館房間，晾乾衣服和帆布背包裡的東西。腎上腺素與白天的能量漸漸消退，我從骨子裡開始發冷。今天發生好多事啊。我得花些時間才能消化一切。身體和大腦都筋疲力竭。

我們從機場直奔海德公園，清晨便到現場。已經來了好幾千人，還有數千人在烏雲籠罩下陸續抵達，在這個閃耀同理心與同志情誼的日子。我看到年輕的倡議者和許多我只在推特上「見過」的人，不斷的招呼和握手到現在還讓我的大腦模糊一片。電路板紛紛斷線。

我渾身溼透，頭髮滴著水，跟所有站在傾盆大雨中的人一樣。焦慮開始盤繞成漩渦。當我站到群眾前，大家似乎立刻靜下來，期待著。但我說話時覺得自己在舞臺上十分強壯。我的發言目的明確，慷慨激昂——希望我成功點燃了其他人的熱情。

我在末尾做了不少即興發揮，記不清自己究竟說了什麼。各種常陷我於無助的挫折感又開始湧出。一直以來我都在對充耳不聞、毫不在乎的人說話。被拒於磚牆外，處處吃閉門羹。我傾吐感受，真誠分享。誰曉得我的言語有沒有幫助。

接下來的演說都非常精采。跨越世代。重要且激勵人心。之後，我們從海德公園走向白廳[11]，用手機播放本地的鳥鳴，悲傷與希望交疊的隊伍中，兩萬多隻腳踩踏人行道，為了野生動植物，為我們所失去的，也為我們必須採取的行動。當我們抵達白廳，有更多保育專家發表演說，展示更多照片。群眾踴躍參與，極目所見盡是人潮。

在唐寧街十號外面，雨水從外套和頭髮流下，我們遞上克里斯與眾人合寫的「野生動植物宣言」(A People's Manifesto For Wildlife)，裡面有許多構想，以打造更友善荒野的未來。這個我自幼踏上的旅程，如今又邁入另一階段——保育一向是我們在晚餐、散步和睡前討論的話題。隨時都在談。它是我生命組構的一部分。

到了某個時刻，我們再度轉移陣地，我發現自己坐在白廳某處，一個熙熙攘攘的大空間裡，身旁只有五名年輕倡議者、克里斯和首相的環境特別顧問。為了進入分配給我們的會議室，我們已經等候好久，但即使在匆匆通過安檢之後，仍被告知會議室已無法使用。我們只好在開放的公共中庭圍桌而坐。此處的嘈雜不下於外面，使我頓覺茫然失措。我必須全神貫注才行。這是我發表意見、被政府官員聽取的機會。所以我必須卯足全力收攝身心，克制焦慮，壓抑自己，直到之後再全部釋放。我下定決心非做到不可。否則穿著溼衣服坐在那裡就完全失去意義。

顧問看起來挺和善，但隨著談話進行，情況愈來愈明顯：儘管都喜愛鳥類和自然，我們的政治立場卻大相逕庭。但我並不氣餒，仍把握機會侃侃而談，指出我們缺乏生態教育，政府必須視為當務之急，社會需要徹底轉變，需要勇敢果決、大刀闊斧的改革。這不只是我的個人意見，而是不分老少許多人的共同感受。我們這些關心者，無時不刻不在感受著。這令人心痛而疲憊，但我們一定要繼續推動，秉持良知做事。

寫這篇日記時，溫暖開始滲進我潮溼的皮膚。這件大事我們都有分。這一整天有點像在地鐵上移動，速度快得讓人無法真正理解。但我知道自己幫得上忙。我們都可以。參與很重要，我現在感覺到了。不管我們的想法和主張會不會被當成耳邊風，都仍須繼續要求改變。

我從背包拿出一顆驅魔石[12]，慶幸它還在——那是作家羅伯特．麥克法倫[13]給我的，連同一本約翰．史坦貝克[14]寫的書，被傾盆大雨弄潮了。代代相傳的禮物。卓然有成的作家交給一名新手。我把石頭放在手心翻轉，感覺它平滑的表面貼著皮膚，顯示風化的重量——當我以某個角度拿著，就可以直接看穿它，那是歲月鑿出的隧道。

媽媽看我在旅館裡的舉動，告訴我這種石頭也叫「奧丁石」[15]，具有保護力。她說，如果我從孔洞看出去，說不定會看見一、兩個精靈。我笑了，將石頭放在床頭櫃上，陪伴我書寫。

九月二十六日，星期三

即使就社交而言，我在新學校的狀況遠勝從前，但兩者的教育和制度規畫似乎都一樣。有時，我坐在課堂上覺得好沒精神，昏昏欲睡。教室裡總是很悶，瀰漫著青少年濃厚的氣味。感覺像《哈利波特》（*Harry Potter*）裡崔老妮老師的教室，把我的活力都吸光。我不想用心。其實我想，真的想注意聽，但身體跟大腦作對，眼皮沉重，身子軟癱在座椅上。冗長乏味。老師的聲音有時像在水底下耳語，我快被無聊淹死了。我關閉自己，恍惚神遊，直到驀地驚醒，惘然若失。這樣能學到什麼呢？幸好還有教科書和講義。

我理想的教室不會有鮮豔的色彩，而且採光良好。它有一排對稱的窗戶，離地六英尺，可以望見天空和小鳥。空間本身很舒適，課桌排成馬蹄形而非環狀。我坐在正中央的彎弧底部，這樣便能知道每個人在哪裡，但不必直接看著他們。我背後不能有人——我需要明瞭四周的狀況。牆上應該貼著許多勵志名言或酷炫的知識。事實上，我的歷史教室就相當接近這種完美的設計，而我在此空間的學習效果極佳。我精神抖擻，與人互動，興致高昂。更棒的是授課老師是我最喜歡的師長之一。

科學實驗室應該是好奇心與興奮的避風港。想像你從小便立志當科學家，發現上中學後學習科學的地方將是實驗室。連這個詞都令人充滿期待。想像一個房間，牆上井然有序地陳列著標識簡明的化學藥品。標本罐。各種有趣的儀器都擺在容易看見、方便拿取之處。一個蘊含可能性、發明與驚奇的房間。結果卻不然，科學實驗室令我大失所望。所有的化學藥品都收在另一個上鎖的儲藏室。儀器全堆在雜亂未標示的櫥櫃裡，而且無甚新奇，除了物理實驗室：各式各樣有趣的物件散置在工作檯上。這是我能應付的凌亂，有組織的混亂。

九月二十八日，星期五

下午我們瀏覽舊照——數不清有多少張是我手捧蛞蝓的相片，當時我尚未配眼鏡，鬥雞眼很明顯，後來才動手術矯正雙眼的嚴重斜視。手術並不成功，只治好一隻眼，但總強過什麼都沒有。眼鏡矯正了剩餘的斜視度數，至少我這麼覺得，因為從未有人針對這點嘲笑我——可供選擇的「缺陷」太多了。

我已經整整一個月沒在學期中被霸凌。我還沒完全接受這個新現實。一直提此事可能聽起來很可笑，但它真的非常重大。不必隨時隨地戒慎恐懼。孤寂通常會變成實體，龐然巨物。

森林裡，濃翠淡綠仍是主要色彩，但已開始消褪。山毛櫸葉一天比一天金黃，在枝頭變得薄脆。隨著周遭世界逐漸遠淡，海鷗、禿鼻鴉和寒鴉的叫聲日益響亮。

這星期的校外活動很多。我將「野生動植物宣言」寄給本區國會議員，並籌辦一場會談，請他來討論我們在地方層級能怎麼做。前兩天我們去貝爾法斯特的阿爾斯特博物館（Ulster Museum）看迪皮巡迴展[16]——恐龍是我早期的愛好之一。這場展覽也有豐富的自然歷史展品，呈現中生代（Mesozoic）以降的旅程。奇怪的是，其中一個陳列櫃有張我的相片，顯然我也被當成「探索專家」。我已完全忘記數月前為博物館寫的詞句，如今展示在兩位**真正的**專家旁：著作等身的博物學家羅伊・安德森（Roy Anderson），以及我心目中的野花和授粉英雄唐娜・雷尼（Donna Rainey），我們是在推特上認識的）。

真高興不同的世界能這樣碰撞：社群媒體有許多壞處，是焦慮、壓力和仇恨之源。但它確實將人們聚在一起，融匯我們珍視的事物。這對我來說是件幸事。由於我向來無法在「真實」世界與人流利交談，推特等平臺使我能夠做自己，讓心和腦清晰發言，這在其他情境絕無可能。為此我心懷感恩。於是我們同在博物館裡：羅伊和他的捕蛾網，唐娜和一只放大鏡，達拉和雙筒望遠鏡。

九月三十日，星期日

繡著銀線的雲朵，強而冷冽的陽光。今天的海灘令人精神振奮。一連幾天我都沒好好伸展雙腿，走路的舒服多卸除了一點重擔。隨著每一天過去，內心的竊喜又增添一分——是否存在一頂峰，我們被允許感受的歡喜可有極限？過去，這樣的覺察或體驗若非立即被烏雲籠罩，便是在不久後出現陰霾。

如釋重負的我吸進鹹鹹的空氣。燕鷗還在，正為飛往南半球的旅程做準備——遠赴亞、非和南美，來回兩萬多英里。真是漫長艱辛。我看著牠們迴旋、俯衝。咯咯啼叫。銀羽閃爍耀眼，紅喙刺穿水面。有隻燕鷗抓到一條我無法用這支爛望遠鏡辨認的小魚，隨即飛出視線，另外四隻也重複同樣的動作。

我躺回沙丘邊坡底部，感受臉上的光、風與冷。我察覺四周的空間發生變化，於是坐起轉身。不到十英尺處，有隻紅隼從沙丘頂衝出。我緊盯著牠，牠盤桓在那兒至少有一分鐘。我向牠傳送一波讚慕，牠回報以多停留一會兒，才優雅地掠過濱草（marram grass）後方。我弓身跑跳上丘，腳步極輕，但牠已消失無蹤。我躺回沙地，氣喘吁吁，頭暈目眩。美好的一天。無比美好的一天。

十月六日，星期六

「真高興我活在一個有十月的世界。」媽媽每年都會分享同一句《清秀佳人》（*Anne of Green Gables*）的引文，當然它說得一點也不錯。外面的世界是變幻萬千的金色，閃耀燦亮。書裡的安想把楓葉拿進來裝飾臥室，但收養她的瑪莉拉・卡斯柏特卻說它們是「亂七八糟的東西」。你瞧：這種對自然的態度並非新鮮事。不曉得這一切從何時開始，又為了什麼緣故。是我們把野外帶進室內的時候嗎？我認為將自然帶進來、把自己帶出去，會讓大家都過得更好；而且為什麼不該以落葉包裹自己，貼近身邊，覆蓋床鋪伴我們入夢呢？

每年秋天，我們用各種花瓶收集落葉，妝點房屋。後院的常春藤花盛開，儘管氣溫下降，蜜蜂仍成群來採蜜。如今我常在放學後坐在吊床上，披著毯子看常春藤裡生意盎然，然後才開始做功課。很多人以為攀繞枝幹的常春藤會勒死樹木，抑制其生長。一次又一次，我看見樹木被剝除這些綠葉編串的花環，對蟲鳥來說，它們是絕佳的食物來源和避寒場所，尤其在這時節。

我發覺常春藤出現了幾個小洞，是由現今定居（希望如此）在我家花園的鳥鄰居出入而形成。我也算過，到目前為止至少有五種不同的食蚜蠅，數量最多的是碧玉蚜蠅屬（*Eristalis*）的兩個種：黑帶食蚜蠅（marmalade）和黑角條胸蚜蠅（sun fly）。觀察食蚜蠅非常有意思，不過牠們是出了名的難辨認，而我老是需要幫助，除了少數幾種。

這陣子我真的漂浮在朦朧的光暈裡，陶然度日。天天興奮地醒來，活力滿點。不同於以往，我有個最威最神的數學老師，這是我頭一次覺得被充分激發了潛能。但課業也愈來愈重，因為下個月我將參加雙科學課程[17]的物理考試。

十月十二日，星期五

一個約莫六歲的男孩在森林玩耍，享受赤褐色的落葉在腳底喀嚓脆裂的感覺。微風輕拂，他隨處翻撿，找到一顆馬栗。

男孩將它從帶刺的外殼推出，舉高，馬栗閃閃發亮。小圓球泛著紅光。男孩的媽媽注意到，從手機抬起眼，隨即衝過來搶走馬栗。「好髒。」她宣稱，把它扔得遠遠的。

男孩垂頭喪氣，一盞燈熄滅了。

我在旁看得怒火中燒，想著這所有的小惡，每一季都隨處可見，最微小的罪行。大人不經思索就做出的事。他們憤然向世界發送的訊息。其後果隨時間推移而反彈、轉化、成長、變形。一顆馬栗到底有什麼大不了的錯？

我深吸一口氣，從原本觀看林間歐歌鶇的長凳站起，自己也走進一堆落葉中開始搜尋，沒多久就找到一顆，渾圓飽滿，完美無缺。那位母親又回去看手機了，沉浸於閃耀的乳白螢幕。當我向著光舉起馬栗，男孩靠過來，眼睛斗膽發出光芒。我把馬栗遞給他。

「放進口袋，」我說：「它叫馬栗，是那棵馬栗樹的種子。」

男孩的媽媽喊說該走了，他趕緊將馬栗放進外套口袋。但願他能保有它，若無法留在口袋，就收在記憶裡吧。我實在不懂這種恐懼、這種與自然脫節的心態究竟源自何處。如此美麗的世界——我們也是其中一部分——卻被嚴重漠視。我回想那些與地方政客的會談，他們的空話和讚美。我不想再被讚美了，我想要行動。

推特上有個名叫格蕾塔・桑伯格（Greta Thunberg）的女孩（我們已互相追蹤了

一段時間），在瑞典議會前罷課靜坐，促請政府採取行動解決氣候問題。她比我大一點，但已受到媒體廣泛關注和報導。真了不起，令人振奮又激動。這感覺很棒，但也很嚇人。我一直以為，想要齊心協力改變未來——我的未來與地球的未來，受教育是我唯一的希望。我的父母並不富裕，缺乏人脈，消息也不靈通，除了我已經在做的事之外，其他能造成改變的方式，感覺都與我不相干。也許這還不夠。可能有別的做法。不同的方式。

十月十三日，星期六

一道道黑影射向樹梢的家，使得天色略暗，微光閃爍，寒鴉和禿鼻鴉嘎嘎叫，像一群集會的女巫，盤旋，騰升，停息。幾乎是嬉鬧地，牠們這會兒還在枝頭閒聊，下一刻便衝向雲霄。我可以看見一團新的黑雲降臨，樹木在翅翼搧起的風裡顫抖。新加入的大多是寒鴉，邊緣有幾隻椋鳥。這聲響充滿喜悅，震耳欲聾。如此豐饒。生氣蓬勃。但這就是豐饒的模樣嗎？當萬物不再像從前那樣保持平衡？想像天天看見杓鷸（curlew）或長腳秧雞，大麻鷺（Great Bittern）從草澤溼地[18]發出宏亮的叫聲。想想愛爾蘭土地上的鶴，曾是中世紀愛爾蘭島上的流行寵物，卻在十六世紀滅絕。十九世紀中葉，當溼地被排乾以利農耕，大麻鷺跟著消失，杓鷸和長腳秧雞亦步其後塵。我可有機會體驗豐饒？我們以為祖先與自然的連繫更牢固，這假設錯了嗎？可確定的是他們更倚賴田野。當時沒超市。但若人類過去與自然緊密相連，那是出了什麼錯呢？我們的祖先為何讓它發生？是超市？大型企業？既得利益與暗藏玄機？我覺得需要勇氣，但不確定如何能勇敢。這世界大部分的時候都好混亂。噪音、圖像、指示。命令、要求。全都吵成一團，總是喧鬧不休。無論如何大聲疾呼，似乎都不可能蓋過這一切。我們是否該滿足於改變世界的一個小角落？向孩子展示馬栗並不會改變經濟或石化工業，或其他對地球資源的濫用。我內心翻騰，非找到出路不可。

十月二十日，星期六

樹葉不斷飄落。天氣涼得很快，但整天的光線都是琥珀色。爸媽一直在努力尋找新地點給我們探索，今天我們前往鄧壯堡[19]旁的森林。即使過了七百年，城堡的遺跡仍令人印象深刻。它在十三世紀成為約翰·德·庫西的要塞和瞭望塔，就在他入侵阿爾斯特、廢黜據說是我先祖的家族之後。[20]今天下午遠眺鄧壯灣的景象十分壯觀，其兩側被樹林包夾——有山毛櫸、懸鈴木、白蠟樹、一些橡樹和無毛榆（wych elm）。

我們走下一連串被秋色覆蓋的陡階。除了今早的短陣雨，最近都沒什麼雨——落葉在腳底劈啪響，警告周遭生物有人類走近。氣味醉人。逐漸碎裂、腐朽的過程。山毛櫸和橡樹上仍有些綠葉堅持著。紅纈草（red valerian）和鈴鐺般的康復力花（comfrey）綴著晨間溼氣凝成的小水珠。記得我們曾自釀康復力液肥：我把葉片塞進花園的一個舊花盆，布拉妮則用嫩蕁麻和她找得到的任何材料調製獨門配方。它們被放置兩年，壓藏在一棵柏樹下。媽媽重新發掘出我們的私釀，忍不住掩鼻作嘔。布拉妮還留著好幾罈，沿我家後門旁的牆排列，裡面盛滿她的各種配方，有些表面形成白色浮渣。爸媽任由她去，心知有更深邃的力量在施展這些法術。他們不是專家，但他們也曾是小孩，而我們都曉得自己的感受被父母、老師或其他孩子否定的滋味。

一陣疾風從山毛櫸颳下更多樹葉。落葉聚集在我們腳邊，彷彿要我們注意這最後一絲美麗與失落。我們張開雙手接住一些，用以許願，並收集足夠的回憶讓我們保持溫暖度過寒冬。我們在尖塔般的樹木間坐了一會兒，沐浴在斑駁的光線與寂靜中。一隻普通鵟突然啼叫，我們全都驚跳起來，側身張望牠往何處去。當牠消失在樹叢後，我沒像平常一樣搜尋，只是閉眼聆聽各種聲音，從天空到樹木到耳到心，感覺手中的寒意。

睜開雙眼，其他人正爬上邊坡，探索著穿過懸鉤子叢。我沒跟去，反而隨意閒逛，發現山毛櫸的老樹樁長出某種支架真菌（bracket fungus），一朵向外延伸的架狀擔子果。我走上前細看那硬菇（conks），彩色波紋如此對稱，從外緣的棕褐色朝樹樁方向變紅再轉綠。腐朽使者，多孔菌類（polypores），森林的營養振盪器。我望向另一側，發現一隻瓢蟲在石黃衣（*Xanthoria*）的映襯下閃閃發亮，宛如枝頭迸出的太陽。牠靜止不動，顯然不希望被觸碰，我從近距離讚嘆那對比的色彩：地衣鮮豔的橙黃皺褶和中央沉睡的小紅點。我往上看，瞇眼望見樹枝間有一團可能是普通鵟的巢的東西——這裡會長出地衣，也許就是因為有鳥屎噴灑下來。

鳥兒已停止啼叫，森林大半恢復寂靜，除了一隻孤單的歐亞鴝還在歌唱。總是在歌唱。我看見爸爸找到一些美味牛肝菌，稍後可當晚餐。我拍了幾張支架真菌的照片，然後我們轉身離去，回到城堡旁的草地玩耍，扮演騎士、國王和皇后，因為我還是個孩子，需要一場戰鬥來發洩精力。最大的戰役便是愛護自然界。眼下，我發出戰鬥的吶喊，與洛爾坎打一場模擬仗。

十月二十七日，星期六

莫恩山脈大多數的地方週末似乎都很擁擠，但今天只有幾個人在走路。天氣異常溫暖，天空澄澈。一抹積雲從奧特山峰（Ott Mountain）流出，一路延伸到下方的山谷。群山環繞，峰峰相連，感覺好像在搖籃裡。上坡路還算好走，但我們需要一點衝勁才能登頂，此刻我已回到家、要記下這一天，仍感覺得到當時從身邊穿過的粒子，聲音與山光的波動。我的手觸摸苔蘚，留下印記。皮膚上這小小的體驗，讓我覺得彷彿還在那裡。

在源自奧特山的欣納河，我們發現一隻動物跳著穿越原野，那只可能是水獺。空氣如此清澈靜謐，我不由得躺下，閉眼感受陽光的溫暖。三隻渡鴉在盤旋。三位女神。當我透過書寫重返山上，便感覺自己被轉化，而且每次都感受到大自然的活力與美。有股力量在我體內生長，穩定而清明。我睜開眼睛，及時從望遠鏡辨認出一隻鳥，朝著密貝格山（Meelbeg Mountain）滑翔，而後變模糊：一隻遊隼，肯定沒錯，俯衝時收攏雙翼，隨即不見蹤影。我在腦中按下快門，將此刻存於記憶，如同所有這樣的瞬間。分類編目。完美的畫面。我珍愛這些，但也喜歡一切不精確或不相關、只留下每次感受的事物。

十月三十一日，星期三

現在是期中休假。我熬過了這學年的第一階段。事實上，我過得很好。也許那是我踏上小徑的步伐如此篤定的原因。我們全家一起去馬路對面的森林散步。我們決定走納許拉山[21]，公園裡最高的步道（海拔八八五英尺），肯定會令人精神抖擻，而且有點難度。正是我們所需要的。

今天對我們來說是薩溫節[22]，而非萬聖節。我們在這天慶祝凱爾特新年，而在「另一個」新年除夕慶祝洛爾坎生日。午後的光線雖不閃耀，卻也不灰濛。蘿西待在家裡，以防稍後有煙火。她安全地待在室內時，不會對煙火有太大反應，但在戶外就會繃緊身體，下巴哆嗦，比平常更堅決不肯移動。所以當我們大步前進，她安穩地在趴在紫色的狗窩裡，窗簾都已拉上。

前幾年，我們慶祝薩溫節的方式是在星空下露營，儘管星星多半被風雨遮蔽。我們也曾與鄰居合辦瘋狂派對，尤其在搬到弗馬納的前一年，那次派對特別失控，結果害我被送去急診（牙齦至今仍有道疤）。我從不懂得怎麼跟別的小孩玩遊戲。遊戲規則對我來說是個謎。他們當然也不瞭解我那些曲折又複雜的規則。我要嘛反應遲鈍，不然就反應過度；若非一臉茫然地杵立呆視，就是變得太過激動。沒有中間地帶。

納許拉山步道的起點是一片混合林，有闊葉樹和針葉樹人工林，但人工純林的西卡雲杉很快就擠進來，下層植被因缺乏陽光而出現一些小空地。有棵山毛櫸長得特別壯，有三人合抱那麼粗（我不知道山毛櫸的樹圍與樹齡比[23]是否和橡樹相同，所以這棵樹可能有一百五十歲或更年輕些，因為山毛櫸的生長速度確實要快得多）。苔蘚從樹幹底部往上長，有幾處樹皮剝落。繼續往前走，沿路可見陌生的橡葉，比原生的無梗橡樹（sessile oak）葉子更窄，葉緣鋸齒也更深。它們是土耳其橡樹（Turkey oak）的葉子，這種觀賞樹木在十八世紀引進愛爾蘭的花園和公園。

松鴉在四周嘎嘎叫。每年秋天牠們都播下數千顆無梗橡實，是否也種了土耳其橡樹？到處都長出土耳其橡樹苗！其橡實比無梗橡樹含更多單寧酸，昆蟲和草食性動物不愛吃；或許因為這個緣故，土耳其橡樹苗才比無梗橡樹苗多。附近有很多鹿，牠們通常啃食樹苗，可能會嚴重影響樹林的天然更新（natural regeneration）。不曉得鹿愛不愛吃土耳其橡樹苗？

前方的碎石路掉滿皮革似的山毛櫸葉，踩過時會發出壓扁的啪唧聲或脆裂的喀嚓聲，端看水從西卡雲杉林的哪處邊坡流下。枯枝落葉層突然變成甜栗（sweet chestnut）。我撫摸一棵樹皺巴巴的樹皮，手指剛好嵌入溝紋。我們駐足池畔，它靜止如玻璃，直到水面下的魚掀起柔和的漣漪。土褐色的池水周圍有疏落的針葉樹和幾株黃花柳（goat willow），垂枝延伸，幾乎碰到水面。突然間毬果紛落如雨。我們停步仰望，發現有個紅棕色的身影在攪亂西卡雲杉的樹枝。我們伸長脖子看，直到寒氣滲入身體。騷動停止，紅松鼠似乎憑空消失。

我們繼續前行，欣然微笑。碎石路走到盡頭，我們跨越樹根和岩塊，踏上更多泥土和岩石的地域。這裡也更荒涼，有柳樹、榛樹和荊豆，山桑子剛抽出海蓬子般的嫩莖[24]（我們一定要在夏末回來採果實）。爬得愈高，光線愈耀眼，很快就登上可瞭望莫恩山脈和鄧壯灣的壯麗景致。我們仍看得見一望無際的施肥農田，透亮的綠葉作物對比崎嶇的山林，以及荷蘭橘和雌黃橘的樺葉拼貼（最近讀希姆的《維爾納色彩命名法》[25]，這兩種橘色被用來描寫衛矛〔spindle tree〕的種莢和疣螈〔warty newt〕的腹部。這些形容令我心飛騰！）

我們坐在納許拉山頂，夕陽下的單獨一家。雖說單獨，但有榛樹為伴，向我們展現它真正的身分——我想這是我最喜愛暮秋之處：它揭露樹木的結構。偏移的地圖，袒露的脆弱。這才是它們真正的模樣，樹葉落盡，僅餘禿枝。

椋鳥在遠方群集，牠們的出現似乎拉著我們從山的另一側盤旋而下，感謝彼此及周遭的一切。到達步道底端時，我發現幾顆被嚼爛的松果，那是紅松鼠的剩菜。

針葉樹一下子全不見了，冒出一片驚人的樺樹林，腳下是古銅色的厚毯。我們繞著樹幹稍作探索，撫摸平滑的巧克力色樹皮。踢起落葉。

一如往常，我們在外面待太久，只得趕往本地酒館吃遲來的晚餐，然後回家，在燭光搖曳的起居室休息，周圍的蠟燭是為逝者而點。凱爾特新年是迎向黑暗的開口，被火光照亮，因感官甦醒而感到溫暖，但願它也是某種伴著冬日禿枝思考的空間。爸爸彈吉他。我們唱歌、講故事。我們以自己的方式慶祝，之後布拉妮出門玩「不給糖就搗蛋」，我們也點亮南瓜燈，讓人知道可以來敲門。

十一月十三日，星期二

早晨從河畔的一間旅館揭開序幕：鸕鶿（cormorant）端坐在燻黑的樹上，蒼鷺（Grey Heron）與白冠雞（Eurasian Coot）和紅冠水雞（Common Moorhen）一起高視闊步。四處打劫的紅嘴鷗（Black-headed Gull）炒熱了周遭的氣氛。接下來一片模糊，快轉至倫敦邱園[26]，我置身於美麗的溫室，既興奮又惱怒，因為我想探索他們收集的植物並發現鳥兒（除了紅領綠鸚鵡〔Ring-necked Parakeet〕什麼都好），但天不從人願，我必須履行大使的義務。必須握手，點頭，微笑。彬彬有禮。我獲頒一份由首相簽署的獎狀，意外的是我竟然很高興，因為我覺得更堅強了，並開始思索自己的積極行動終於有所成就。我擺姿勢拍照，微笑。快門響個不停。我即將發表演說，身體因努力而僵硬。突然發現人類真的好難理解。我聽得到他們的聲音，知道他們在說什麼，但得花許多精力將噪音轉譯成意義。我開始懷疑自己是否因霸凌而精神受創。這就是我老覺得事情會嚴重出錯的原因嗎？

今天也跟其他日子一樣，所有的疑慮都是杞人憂天，一切進行順利，成為榮耀而歡悅的體驗。當然也令人筋疲力竭，總是如此。現在我終於坐上回家的飛機，可以感覺到浪濤即將湧至，而我別無選擇，只能接受，眼神空茫、心跳急速地任其擺佈。但在入睡前，我需要寫下這一切。

回到一開始……媽媽和我昨夜抵達；我與許多年輕人一起受邀到倫敦，為某組織擔任大使；該組織支持年輕人及他們滿懷熱血的事，鼓勵他們參與社會行動，特別在地方社區。根據我讀到的資料，這想法各方面看來都不錯，所以媽媽和我答應參加「綠色行動年」（Year of Green Action）在邱園舉行的開幕式。

今年我收到無數提出類似請求的電子郵件：為運動做宣傳，彰顯某議題，撰文討論這事或那事，寫我自己與別的計畫或運動相關的經驗。這逐漸成為媽媽的全職工作。她必須替我處理這一切——我曉得她瞞著我一些事，因為她知道我會難過。我或許是個孩子，但並不容易受騙，儘管我確實想支持某些了不起的運動和人物，有時仍會覺得別人在利用我或我的身分。借用達拉來湊合某一盤殘局。但我不是卒子。我比較喜歡把自己想成「車」：位處邊緣、往裡面看的局外人。

我需要獨立，遠離人和群眾，這固然是阻礙，但也可能救了我。我骨子裡是個小龐克，因此與任何組織過度親近的想法皆與我本質相違。最近，想為野生動植物大聲疾呼的渴望在內心不斷增長，逐漸掩蓋過我太年輕或太缺乏影響力的感受。我開始覺得時機可能成熟了。然而，像這樣滿腔熱血地全心投入，說我想「拯救大自然」，還是太過模糊，我仍需弄清楚我，達拉．麥克阿納蒂，能做什麼來有效改變現狀。

在邱園展開的這場運動似乎不太一樣。他們的訴求聚焦於協助年輕人，而非要年輕人幫忙。當我們抵達旅館，跟其他大使一起吃披薩時，我嚇壞了。我想逃跑，因而開始恐慌。發生這種情況時，我又會彌補過度，像連珠炮似地講得太多太快。

我胸悶、心悸，吐字的速度跟心跳一樣快。從外表看，我可能語氣急切或雄辯滔滔，因為事實、掌故和軼聞接連湧出。但汗水也是，從頭臉一路滴進鞋裡，眼看我就要溶成一灘混沌了。

我說錯話，吃太多。我的內在編輯動作不夠快，來不及訂正思緒，無法讓我避免在餐廳失態。媽媽看得出我在桌上緊握雙拳，兩腳不斷挪動；她知道當我下顎開始軋軋作響，呼吸急促，意謂著什麼狀況。她知道要介入這些沉默的戰爭——有時她只需瞄我一眼，看看我，或緊握一下我的手。同桌的人繼續閒聊，享用披薩，風暴在無人察覺下戛然而止。

逃回旅館房間令人大鬆一口氣。我頭痛心也痛，把自己鎖進浴室坐著，頭夾在兩腿間，試圖釋放壓力。我採用一種「祈禱式深蹲」（prayer-squat）的姿勢，很舒服，也幫助我呼吸。這個技巧是我在學校無意間發現的。那次，有人在操場上欺負我，當我不肯「合作」，他們只得變本加厲，衝著我辱罵，愈罵愈大聲，因為我不理他們，轉身走開，心知老師正從活動教室走出，他們不敢追上來。安全離開後，我找到一個空儲藏櫃，蹲在裡面不讓人看見。我開始深呼吸，那些畫面和言語似乎消散了些，讓我身體能夠放鬆，痛苦稍微減輕。它並非解方，當時不是，現在也一樣。

但它確實讓我有時間收拾碎片，回到戰場再試一次。

蹲在旅館的浴室裡，我漸漸覺得好過些，此時語詞開始浮現腦海。閃耀的路徑，召喚……**我行走其間，內外散發光輝……成長茁壯與漸行漸遠……突然間，響起烏鶇如播放唱片的歌聲**。我得在邱園發表關於年輕人和自然的演說，雖然已經寫了一點草稿，這些新詞卻開始產生意義。路徑。祖先。疼痛。置身於這一切之中的我。療癒。我覺得好多了。說出這些話讓我的大腦平靜下來。我不確定它們是否符合任何人的期望，但它們是我的話，所以不行也得行。

十一月十七日，星期三

我們在都柏林的死動物園[27]外集合。裡面有一排排陳列櫃，裝著死去與滅絕的動物，狩獵的戰利品。收集。積聚。貯藏。玻璃眼珠。毫無生氣。博物館和自然歷史通常令我著迷，這裡卻讓我感到噁心怨忿。人山人海，數不清的面孔帶著標語牌、旗幟和鼓。大家歡呼，喊口號，一遍遍宣示團結。許多人在我之前發言：政治人物、律師、學者、名叫芙洛希（Flossie）的年輕運動者（她真的好酷）。澎湃的人道精神，眾人齊心同聚，都是為了一場反抗滅絕[28]運動。我或許喜愛龐克音樂，厭惡順從和框限，但從未以反抗者自居。但或許我是，當我站上木箱，主持人卡洛琳（Caroline）拿著麥克風讓我宣讀演說稿。我感到理直氣壯，直言不諱。感覺這是我第一次真正大聲說出所有令我憤怒的事。我望向人群上方，拉高嗓門，義憤填膺地大聲宣說，感覺充滿原始的活力。

這些是我們面臨的威脅。這些是全球南方[29]最脆弱的區域已經在面臨的危機。然而當權者卻無所作為。大企業主只管繼續賺進巨額的骯髒錢。我們被物質主義統治。多年前，當這些破壞者還是跟我一樣的小孩，處處可見成群的杓鷸和小辮鴴。但與我不同的是，他們眼中的世界異於我所見。耗竭。當時他們不可能知道，現在他們卻拒絕接受事實。倘非如此，他們怎能繼續下去？原野一片沉寂空虛，我雖喜愛各種鴉科的鳥兒，但仍希望看見多樣性。健康平衡的生態系。連我鍾愛的黃嘴天鵝都變少了。我試著想像那聲響，那音樂，那鐘鼓齊鳴的歌調。但我無法，因為它不在了。我渴求它。世界仍衝得太快。我這一代將經歷最糟的境況：海平面上升，海洋裡塑膠增多，嚴重缺氧，因為浮游植物無法生存於持續暖化、酸度過高的海水。野生動植物的消亡以人類史上未見的速度奔赴滅絕。陸上的所有生命皆源自土壤，但農藥已使土壤充滿毒性，昆蟲也無法存活。

我的大腦感覺失去控制。南下都柏林的途中，我已怒火中燒。此刻在「反抗滅絕」的愛爾蘭首屆集會上發言，滿腔怒火依然熾烈，我也仍感到緊張，因為場面可能變得太激烈，警察可能會來，就像在倫敦示威期間發生的。演說完畢，我離開麥克風，讓自己喘口氣。這一切如此沉重。站在街頭大聲疾呼固然很棒。但有什麼用呢？我頭痛欲裂。感覺自己畢竟還是小孩，無能而無力。但這感覺不該由我來承受。我胸口的重負是被硬倒上來的，根本不公平。怒火再度燃起，這絕非好事。或許也可能是。

十一月二十日，星期六

那一整天我都在努力集中精神。一切都非常順利。我真的開始享受這裡的學校生活，那又為什麼把頭擱在女兒牆呢？好蠢。但我就是按捺不住這種衝動。有位歷史老師聽說我為大自然做的「工作」，便提了一個主意，又袖手不管。我無法釋懷，只好說服自己再試一次。

我已經在其他許多學校嘗試又失敗過許多次。從來沒人來參加，除了偶爾有個好心的老師，其興趣終究會消退，推說「我實在不擅長這個」。那天我又度過同樣洩氣的一日，正等著提早被接回家，幾個孩子開始嘲罵、作弄我。他們推擠、衝撞，我的臉埋進碎石堆，嘴裡漫開一股硫磺味。這清理起來很快，也很容易對媽媽解釋——我咬到嘴唇，撞到東西，莫名其妙踩空階梯。現在我就要再試一次。我必須開始將憤怒轉化成別的東西。

放學後，洛爾坎和我一同去指定教室。我不記得最初發生什麼事，但我意識到自己站起來說話，聽見我的聲音在耳中轟鳴。我跟不同年級的孩子站在一塊兒，有些比我小，有些比我大，總共十五個孩子（連我和洛爾坎十七個）。他們聽我講述為什麼大自然變得對我如此重要，我如何把注意到的景象都貯存起來，連最瑣細的也不放過，以便隨時探取，幫助我度過每一天的生活，以及基於這個緣故，我想為野生動植物站出來，大聲宣揚我所目睹、聞知的奇妙事物，所有只要我們駐足觀看便可得見的神奇魔法。接著我停下來，注視大家，開始呼吸，並說我們應該到外面去，而我們真的去了，在放學後漸暗的光線裡。

他們跟隨我走出停車場，穿過潮溼的運動場，離開校園，進入樹林，唐納德山出現在眼前，我指給他們看樹皮上的地衣，解釋它如何成為空氣潔淨的指標，並問大家是否覺得幸運：校門外就是森林，還有群山守護，且面臨大海。各種重要的原野棲地。當我們找到一些真菌，我想告訴他們，它對所有生物發揮了多神奇的作用，但我耳中開始嗡嗡作響，而且愈來愈大聲。

我心跳加速。我試圖處理他們開始提出的問題，因為太用力，簡直可以感覺到大腦斷線。我該如何解讀他們看我的樣子？他們尊重並喜歡我的回答嗎？傍晚的氣味和林間的窸窣聲變得像雷鳴。為了待在他們旁邊、保持專注，得耗費巨大的心力。但很值得。十五個孩子沒一個發出冷笑。沒人起鬨。他們看著我，用心聆聽，並提出更多問題。而在結束解散前，我們已擬定計畫並討論下次聚會的時間，自稱「生態小組」，也想好應以什麼為目標。大家都離去後，我在夜晚的寒氣中看得見自己的吐息，感覺四周有一圈光暈。銀鷗（Herring Gull）和寒鴉都回巢棲息，禿鼻鴉高踞枝頭。蠣鷸對黑暗唱出最後的音符。

十一月二十四日，星期三

每次送布拉妮去上芭蕾舞課，我們都會在她下車後到新堡灘的防波堤間漫步。迴彈自大圓石的風將我推向大海，即使眺望狂野的水域，仍感覺得到它們在背後：防波堤在這裡就跟電子遊樂場和水上樂園一樣不自然。但周圍景致美不勝收。背倚群山，面向海洋。可惜有中間這條人工帶，為了所有觀光客和觀光業者而存在。但有個可愛的圖書館，因為我仍可從童書區的書架看到唐納德山。

今日烏雲密布。鐵灰的天空像浸了墨水。我離開步道轉往海灘，朝浪花走去。現在有小卵石但無細沙——大圓石確保了這點，而沿岸漂移[30]將沙帶到壯麗的慕洛克灘，堆成起伏的沙丘，我可以遠遠望見。他們說要定期運沙過來，想想海岸防波堤和海濱步道如何改變了漂沙的動向，就知道這主意有多荒謬。海浪無論如何都會繼續搬運這整塊地方。人並不總是能勝天，此處則幾無可能。

我坐在其中一塊突堤板[31]上，它龜裂變黑，卻是個不錯的歇腳處。我看到濱線上有動靜，有什麼在迴旋，近乎機械式的劈啪聲。我拿起雙筒望遠鏡，看見牠們：三趾濱鷸，三十來隻，古怪而煞有介事地移動。黑色的腳模糊成一片，閃動的喙戳刺沙地。沙耕者[32]。牠們隨波浪往復迴旋，一刻不停。急急忙忙，衝來衝去。每個動作都快得令我無法對焦。海岸的炫技者。

三趾濱鷸胸腰雪白，羽衣錫灰，頭冠上有黑白相間的線條。牠們從高緯度的北極飛來愛爾蘭過冬，一路不停地飛三千多英里。牠們的動作簡直有催眠效果，尤其當我聚焦於其中一隻，觀察牠如何在浪花與濱線間持續快速移動，一面啄沙，當碎浪退去再整個重來一次，一遍又一遍，一遍又一遍。多麼堅持不懈。我不確定這所有奔忙的收穫如何，因為牠們毫秒未歇，而每次從漫湧上來的碎浪掉頭衝回濱線想必十分耗力。我想到搖搖擺擺的蠣鷸，不時休息片刻，彷彿在欣賞風景或思忖生命。當然，我知道這樣比較很傻。每個物種都是為了適應環境而調整習性，但我覺得所有的差異都很奇妙，令人看得好興奮。

一隻黑色的長毛獵犬打破了魔咒，牠沒繫牽繩，衝過石堆，那股瘋勁彷彿剛從牢裡被放出來。三趾濱鷸受到驚嚇，四散紛飛，去尋找不受打擾的地方。希望牠們能找到。

十一月二十五日，星期四

黑暗即將降臨，光線變得愈來愈珍貴。藉由偷走白日，夜晚帶來一種緊迫感。它開始奪走花園裡的歌聲，但也向我們展現那些被夏日的豐盛掩藏的處所。我可以探索這些新地方，躲在其中，感受光線變暗。但原野中仍有樂聲可聞，所以我們決定開車到唐派翠克的科伊爾河[33]去聆聽。

有條步道的起點是停車場，那裡紅嘴鷗群集，尖聲乞討，像托缽僧盤旋不去，動作大得把綠頭鴨的羽毛從柏油碎石路面掃到半空中。這景象令人不安，但我忍不住看牠們不斷降落在垃圾箱上，並在野餐桌下拚命搜尋。當一輛車停下，駕駛的女士帶著一桶滿滿的麵包出現，場面隨即陷入狂亂。我覺得每隻海鷗的移動都像支飛鏢，為了保命而搶食。海鷗食物銀行。媽媽帶我轉向步道，遠離這一切，但即使走遠、聽不見那片喧鬧，我的心仍重重鎚擊著。

我在河畔的長凳坐下來喘口氣。媽媽陪布拉妮去撿樹枝，洛爾坎坐在我旁邊。他也感覺到了。海鷗的饑餓。我們聊起這件事，直到尖亮的「唧」聲引起我們注意，一同抬頭尋找戴菊（Goldcrest）那道燦爛的冠紋，幾乎立刻看見它在赤楊的枯枝間閃動。牠降落，開始啄覆滿青苔的樹幹，再展翅輕掠，盤旋，一枝飛過一枝，找昆蟲和蜘蛛吃。

我轉過身，發現洛爾坎不見了——他聽見附近有別的聲音：一幫銀喉長尾山雀（Long-tailed Tit）的群聲鳴哨。我加入他一起觀看，水漾的陽光從雲層迸射，溫暖地傾注在我們身上。鳥兒狂飛亂舞，驚險地保持平衡，圓滾滾的身軀與不成比例的長尾。洛爾坎和我相視而笑——望著銀喉長尾山雀，我們的滿足溢於言表。我們將它存放在心裡，一條銀色的紡線把我們繫在一起。

再往前走，發現布拉妮攀上赤楊的一根粗枝，探身懸蕩在河面上。我們也跟著爬上間隔的樹枝，在空中保持平衡，看一群澤鳧漂過。天空變成琥珀色，一陣涼風劈啪吹來，我讓它落在胸、唇和手指上。有隻鴨子看起來不太一樣，透過雙筒望遠鏡細看，發現牠的眼睛是金黃色，下方有塊白斑。牠潛入水中，我追蹤牠直到牠再浮上來，黑緞般的頭顱閃耀綠色光澤。一隻鵲鴨（Common Goldeneye）。牠們真美。也許牠單獨在此過冬，因為附近不見雌鴨。我們很少想到牠們在水底下做的所有努力，兩隻帶蹼的螺旋槳不斷轉動，好讓鳥兒輕盈優美地滑行河上。就像自閉兒。表面上，沒人看得出我們需要下多少工夫，花多大力氣，才能融入人群，跟其他所有人一樣。

我告訴洛爾坎和布拉妮，將望遠鏡傳給他們輪流看。每個人都讚嘆連連。媽媽在下面叫喚，說我們若不趕快動身，就無法在天黑前進入觀鳥屋。我們溜下樹枝，依依不捨，三個人果然是同氣連枝。等我們抵達河畔的觀鳥屋，天色已昏暗。它依然是個神奇的地方——而且沒有別人，表示我們可以各據一面窗而坐。我們開窗讓寒氣進來，跟著傳入的還有小水鴨（Eurasian Teal）在燈心草叢的聲音，白冠雞咆哮著欺凌綠頭鴨。河對岸也有動靜：一群小辮鴴沿田邊覓食，冠羽開展如扇。某種看不見的驚擾使牠們全部飛起，在古銅色的雲層上方噴發一陣明滅閃爍。最後一抹斜陽將陰影投在這迷你的群飛[34]隊形上。**皮喂咿，皮喂咿。皮喂咿，皮喂咿**。羽翼揮灑並鼓動著，牠們一起旋繞了一圈，才再度回到地面。

夕陽西沉，時間到處流逝，卻在此停駐，我可以感覺到小辮鴴，彷彿牠們都在我身邊。世界運轉得好快，太少關愛，太多殘酷。這裡一切靜止，樂聲充盈：鼓翅、鳥鳴，偶爾有人類驚嘆和傻笑。儘管夜幕低垂，這仍是個金燦光亮的日子。

譯注

1 指真菌類的擔子果（fruiting body），即一般稱「菇」的部分。

2 toadstool，字面意義為「蟾蜍凳」，通常指顏色鮮豔、不可食的傘狀菇蕈，以毒蠅傘為代表。一般認為此名稱起於十五至十七世紀的民間傳說，人們相信蟾蜍有毒，故其蹲坐的蘑菇亦具毒性。

3 英國作家路易斯（C. S. Lewis,1898~1963）在小說《納尼亞傳奇》（*The Chronicles of Narnia*）描述的奇幻世界。

4 Usborne，英國童書出版社。

5 前蘇聯國旗上的圖案，鐵鎚象徵勞工，鐮刀象徵農民。

6 Crocknafeola，莫恩山脈的一座森林小峰，參見〈詞彙表〉。

7 Slieve Muck，莫恩山群之一，參見〈詞彙表〉。

8 Slieve Donard，北愛爾蘭第一高峰，名稱典故參見〈詞彙表〉。

9 Isle of Man，位於愛爾蘭海，地處英格蘭、蘇格蘭、威爾斯、北愛爾蘭和愛爾蘭共和國的中心點，是英國王室的皇家屬地，但非聯合王國的一部分，其自治政府歷史悠久，早在十世紀即有自己的國會。

10 「人類世」（Anthropocene）是個尚未被正式認可的地質概念，由諾貝爾獎得主、荷蘭大氣化學家保羅·克魯岑（Paul Crutzen）提出，主張人類活動對地球的影響足以成立一個新的地質時代。作者所寫的這首詩記錄在八月七日的日記上。

11 Whitehall，位於倫敦的一條大道，為許多政府部門所在，包括下文的唐寧街十號首相官邸。「白廳」也被用來代稱英國中央政府或街道周邊的區域。

12 hagstone，一種常被拿來護身辟邪的石頭，中間有自然形成的孔洞，據說能保護人在睡夢中不受夜叉（night hag）侵擾。

13 羅伯特·麥克法倫（Robert Macfarlane），英國作家暨劍橋文學院士，以自然風景、地方人物和語言方面的著述聞名。

14 約翰・史坦貝克（John Steinbeck,1902-1968），美國作家暨戰地記者，一九六二年諾貝爾文學獎得主，代表作有《人鼠之間》、《憤怒的葡萄》和《伊甸之東》等。

15 Odin stone，奧丁是北歐神話中的眾神之王，據說此石貌似奧丁用以交換盧恩文字（Runes）之智慧與奧祕的眼睛。

16 Dippy on Tour，「迪皮」（Dippy）是英國自然歷史博物館梁龍（Diplodocus）仿製品的暱稱，自一九七九年起，這座七十英尺高的骨架模型一直是該館備受喜愛的明星。

17 為取得中等教育普通證書（GCSE），科學（含物理、化學、生物三科）為必修課程，但有不同方式可選擇，其中之一為「雙科學」（Double Award Science），又稱「綜合科學」（Combined Science）。

18 callows，因季節性氾濫而形成的草澤溼地，常見於愛爾蘭，參見〈詞彙表〉。

19 Dundrum Castle，位於北愛爾蘭唐郡的鄧壯鎮旁，非都柏林郡的同名城堡。

20 約翰・德・庫西（John de Courcy）為諾曼騎士，一一七七年征服由麥克鄧萊維（Mac Donleavy）家族統治的阿爾斯特王國。此家族與作者的關係，參見〈詞彙表〉「McAnulty」條。

21 Slievenaslat，字面意義為「柳枝／荊條山」，參見〈詞彙表〉。

22 Samhain，標誌著收穫季節結束、陰暗冬季開始的節日，參見〈詞彙表〉。

23 根據研究，溫帶樹木每年加粗的速度大致固定，只要測量出離地一點三公尺處的樹木「胸高直徑」，便可依各樹種的生長係數推算大概的樹齡。

24 海蓬子（samphire）又名海蘆筍，是生長在海濱的蔬菜，狀似珊瑚，色翠綠；山桑子的老莖圓鈍呈褐色，嫩莖較尖刺，為綠色。

25 十八世紀末，德國礦物學家維爾納（Abraham Werner）設計出一種標準化的顏色分類法，後經蘇格蘭畫家希姆（Patrick Syme）修訂並附示例色板，一八一四年出版為《維爾納色彩命名法》（*Werner's Nomenclature of Colours*），一八二一的新版序說明此分類系統如何應用於科學研究。

26 Kew Garden，即倫敦皇家植物園，「邱」為所在地名。

27 Dead Zoo，愛爾蘭自然歷史博物館的暱稱，收藏來自世界各地的動物標本，建於一八五六年。

28 Extinction Rebellion，一場全球性的環保運動，二〇一八年五月成立於英國，旨在透過非暴力的公民不服從來迫使政府正視氣候及生態危機，採取對治行動。

29 global south，泛指南半球的開發中國家。由於開發中國多集中於南半球（如許多非洲及南美洲國家），已開發國家多位於北半球（如歐美日韓）。因此多用「全球南方」泛指開發中國家，以「北方世界」泛指已開發國家。

30 海浪受地形所阻以傾斜的角度湧上岸，再隨迴流直線退回海中，一來一往，便使水中物質沿海岸移動，形成沿岸漂移（shoreline drift），直到受地形所阻停止，產生沉積作用。

31 突堤（groyne）是防波堤的一種，從海灘伸向海中，與海岸垂直，新堡的突堤多以木樁和木板（plank）構成。

32 三趾濱鷸的英文名 sanderling 源自古英語 sand-yrðling，即「沙耕者」（sand-ploughman）。

33 River Quoile，流經唐派翠克鎮，兩岸為自然保護區，參見〈詞彙表〉「Quoile」條。

34 「群飛」（murmuration）一詞原指成千上萬的椋鳥在天空齊飛，組成不斷變幻的巨大圖形，並發出嘈雜聲響；相較於歐洲椋鳥的規模，此處的小辮鴴群飛隊形堪稱「迷你」。

IM SURE THE DINOSAURS THOUGHT THEY HAD TIME TOO
YOU WILL DIE OF OLDAGE
BELFAST
THE GOVERNMENT
FOSSIL FUELLING OUR DESTRUCTION
Our Wee Planet

冬

冬之黑暗，宛若幽靈呼出陣陣冰風。下雪天如魔似幻，但其餘的冬日呢？枯竭的日子，湮沒在蒼灰與棕褐中，一幅溼淋淋的水彩畫。豐盛不再，顯露出大地的輪廓與形狀。骨架，赤裸的尖塔。在薄暮中迎接，擁抱占去愈來愈多時日的夜晚。感覺天空比以往任何時候都近，其壓迫有時溫柔，更常是強猛的。它的美。空氣的脆弱，以及黑暗令所有季節黯然失色的傾向。對我來說，冬季如今感覺像一段成長的時光，用以沉思，與先祖和逝者連繫。他們的故事、信息、文物。愈多黑暗意味著愈安靜的夜晚，萬籟俱寂，只聽見歐亞鴝的歌聲，禿鼻鴉、寒鴉、渡鴉或冠小嘴烏鴉，遠方海鷗尖啼。我能在其間聽到更多更多。

有些人覺得摸黑起床是最困難的部分，但我樂此不疲，打從幼時與媽媽共度的那些清晨——被毯下偷偷講故事，日出前下棋，不論什麼季節。等到天亮，感覺我們已做了好多事。我常獨自起床，追蹤拂曉前的聲音：時鐘滴答滴答，充油式電暖爐嗡嗡運轉，注滿熱水的暖氣管嘰嘰嘎嘎響。齒輪轉啊轉地啟動一天，然後曙光初綻，寒鴉在延伸的屋頂上跳舞。接著是一隻歐亞鴝高歌。樂高玩具盒裡的積木散落一地。當我擺出爸爸的舊西洋棋，木頭相碰出聲，棋盒的黃銅門已鬆脫，上面用原子筆以蓋爾字母寫著他的名字。在寂靜的黑暗中準備就緒，是迎接一天的最佳方式。在天亮前蝕刻，標記，在一天揭曉前看時間拉開帷幕。冬日可以看到更多東西，風穿過時樹枝的顫抖，更多棲踞的身影，還有許多等著我們發現。

我清楚記得一個十二月的日子，沿著拉甘縴道[1]，觸目皆是亮晃晃的白色。我記得自己穿的大衣，米色粗呢、栓扣連帽的那件，因為我很喜歡它。藍色長筒膠靴。我的鬈髮長長了，洛爾坎正往前跑。那是他頭一次奔跑嗎？而我呢？三歲嗎？不曉得其他人能否記得那麼久遠的過去。對我來說，這些記憶無比鮮明，清朗如鐘，爽脆如我們那天下午的腳步聲。太陽很低，但十分明亮，我們還要走一長段路，才會遇見那些向河面彎拱的柳樹。各種可能性低懸。生命之島迫近。出於直覺，我安靜下來，走得更慢；我看見一圈漣漪漾開，攪亂枝椏的倒影。平滑的背，烏黑，悄然潛行。我指給爸爸看，我們坐著文風不動。媽媽摟著洛爾坎，在他耳邊輕語，好讓他也不亂動。幽暗的身影，水獺，昂首泅泳——我們看得好清楚，且四下無人。只有寂靜和水獺，水獺和寂靜。我感受到此刻的重量，一滴淚滑落臉頰。我不知牠為何逃遁。水獺就會這樣。當牠轉身消失，更多生氣填補了牠留下的空缺：先是喙，一道藍光射過河面，如此迅疾的翠鳥（kingfisher），一定是我的想像。

啜泣就是這樣開始的，一發不可收拾。冬天顯露萬物，清晰明澈，毋須尋索即一目瞭然。聲音也因此而傳得更遠。抬頭望見事物總是被隱藏的部分。當然，冬季的漫長確實造成負面影響。它變得令人難以消受，尤其當滿心渴盼的春天看似遙遙無期。

水獺日過後，雪融了，之後的每一天似乎都更灰暗。我仍能看見那些並未真正出現的色彩，翡翠鳥[2]，閃爍的漣漪。而今，我即將過完十四歲的最後三個月，依舊保有那份記憶，每當黑暗變得不堪負荷，當夜晚不再是朋友而更像敵人，覆蓋你，重重壓下，使你幾乎看不見也無法呼吸，我就會抽出它。我將這些時刻貯藏於內心，積累在一個檔案櫃——裡面專放我注意到與發生的事，以待最需要時取出，用以照明。我必須進入世界尋找新的事物。它們始終在那裡。始終都在。

十二月一日，星期六

我們進入塹道[3]，感覺有條細繩拉著我前行，那是將我們與不復存在、但心裡仍覺十分真實的事物連繫在一起的線繩。最近，我愈來愈容易恍神，與自己的對話變得奇怪且散亂，但感覺深刻而強烈。我不斷把時間看成一段線繩，一端有火焰燃燒，代表我們能行動也最具活力的當下。灰燼是過去，完好如初的是未來。每次有事發生，線繩就會分岔。死者成灰：他們依然存在，從未離開。我感覺得到細繩垂降，有些部分仍在燃燒，但大半鬆脆焦褐，向前延伸。

塹道中，榛樹在上方相接，形成拱頂，我可以看見裸露的根和泥土卷曲在四周，漸行漸窄，聚合成遠方的光點：一輪閃耀的滿月。我的腳步聲在耳中特別響，深深踩進冬日的土地。其他人都遠遠走在前面，但我覺得自己有如鋼鐵人，匡噹匡噹地進入另一維度，注滿熾灼的能量。一個聲音穿透足踏的節拍：歐亞鴝顫聲啼囀，像求救的信差發送摩斯密碼。我搖搖頭，想甩掉這奇怪的感覺，但揮不去陰森詭異的氣氛。

一縷氣息穿過樹枝，莊嚴的吱嘎聲幾乎像在歌唱。我開始感到非常不安，當我從昏暗的甬道鑽出，感官知覺頓時反轉，冒出奇怪的形狀和色彩。我轉向右邊，大步踏進日光下。此處荊豆花近乎滿開，懸鉤子也是，襯著轉黃的葉片。榛樹上掛著絨毛玩具、小飾品、隨風晃蕩的彩球、我不會去打開的盒子。我加快腳步來到綠柵門前，標示上寫著「巴利諾石圈」(Ballynoe Stone Circle)。我走過草尖結霜、晶瑩閃亮的草地，腳下劈啪作響，震耳欲聾，那條細繩似乎仍拉扯著我，火焰與灰燼，走向新石器時代墓地的那些立石。

暮光中，這些石塊圍成近乎完美的圓圈，入口處沒結霜，可以看見清楚的輪廓，一條往內的通道。冥界在這裡是如此鮮明的存在。當我走近被圍起的土墩，堅實的石塊看起來彷彿才剛豎起，充滿生氣，流灌著不斷變動的土壤的血液。這便是光陰的特異處。線繩可分裂成無限的可能性。埋葬於此的古人遺骸被挖掘者侵擾，火化的骨灰散落各處。細繩頹然垂落，真相在我周圍展現。許久前離開我們的人仍存在於某物：土地，樹叢，棲歇在內圈的一塊石上、發送串串音符的歐亞鴝。那隻鳥從一塊石頭跳到另一塊，間或停下來唱歌。

奶奶相信死者活在歐亞鴝中，或其靈魂如此。爺爺在我兩歲時過世，每次她去到他墓前，都會出現一隻歐亞鴝放聲高歌。感覺就像爺爺，她說。

但願我能記得那時候，當他來日無多，坐在扶手椅上。奶奶告訴我，我會注意到他口渴了，幫他把水壺拿過來，甚至湊到他唇邊。他會說：「一點點就好。」我窩在他膝上，靜靜待一會兒。當時的我難得安靜，總是在說話，動個不停。但我會在那些時刻安靜下來。

他去世那天，爸爸把我抱起來親吻他的頭。真希望我記得親他的感覺，以及在那之前、當他還活著的感覺。但我確實記得雪倫姑姑（Auntie Sharon）平躺著——在愛爾蘭我們不畏懼死亡，我們擁抱它。我們為死者「守靈」，將其軀體入殮，但不蓋棺。人們用許多食物（吃不完的食物）、茶和酒來慶祝。當然大家也交談，許多回憶、擁抱、淚水。豐沛的情感。靈柩停放著，人們圍在旁邊，靜坐沉思。祈禱。唸玫瑰經。甜蜜而酸楚，憂傷。我記得親吻雪倫姑姑的頭，洛爾坎得被抱起來，就像我親爺爺那樣。她得年四十一歲。當時九月，我七歲，洛爾坎五歲，布拉妮尚未出生。她跟爺爺一樣死於癌症。我記得她的皮膚摸起來涼涼的，薄如紙。我記得她的模樣跟平常不同。她是個影子。原本的她已去了別處，遠離樓上臥室濃濁的空氣。人們坐在四周，她在中央。

土墩後方、墳塚北側的石堆[4]有棵孤樹。沒有葉子，很難說是什麼樹，但就如塹道裡的榛樹，幾乎每根枝條都掛著人們獻上的東西：護身符。辟邪物。希望。夢想。回憶。有些凋萎、磨損了。緞帶、裱框的花卉畫、嬰兒玩具、小雕像。夕陽西下，風在石塊間穿梭低語，看著這些東西，我體驗到與水獺出現或翠鳥返回時相同的感受。伸展。萬物都在伸展。身體、心靈、才智，我周遭的所有空間都充滿無限的可能性。

此刻死者環繞著我，分隔生死的帷幕懸在半空中。我躺在寒冷的土地上，閉眼感受底下的脈動。但雙眼依然是乾的——記不得上次哭泣是何時。也許我已將淚水驅逐，變得乾涸，堅硬。一種下沉感在體內匍匐，胸口緊縮。媽媽過來坐在我旁邊，也許她察覺到這一刻的敏感性，也可能因為我不自覺地大聲哼唱。我坐起來凝望原野。黑暗試圖逼近，但我耳中響起歐亞鴝的歌聲，胸口覺得輕鬆了些。重負移開。我呼出一口氣。

我起身，跟著爸媽、洛爾坎和布拉妮繼續穿過塹道，打開手電筒照路。我們順利走出塹道，進入一個有汽車與街燈的不同夜晚，不得不慶幸我們能像那樣進出，創造一個讓兩邊世界交織的稀薄空間。

十二月六日，星期四

在昏暗的天光中從學校走回家，洛爾坎和我享受著美好時光，儘管天空像一片灰色的鋼板。連日不見藍天，現在也不例外。但光能以許多方式降臨，我們每天都停下來聽常春藤傳來的樂聲。麻雀之歌，一群饒舌的女巫。一場歡騰的盛宴。常春藤在無葉的花楸樹下振動著，結綵裝飾下半截樹幹，像要慶祝什麼。麻雀緊張地飛進飛出，啄樹枝。常春藤對牠們來說是一棟豪宅，收容了整個族群。但這樣的鳥群不再常見。自一九七〇年來，英國的麻雀數量已減少近百分之七十。家麻雀在人類居處附近築巢，能找到一棵像這樣位於教堂外的樹，實為幸事。牠們抖鬆羽毛，我聆聽一節節樂句，分辨哪句由誰唱，依什麼順序：雌鳥先唱，接著是雄鳥，從褐冠到銀冠輪流開嗓，然後齊聲同唱。車聲隆隆滑過雨水，冰冷的水滴落在我們近旁和身上，觀看和傾聽的喜悅卻絲毫未減。這群麻雀不同於我家外面灌木叢裡的那群——幾天前我走過常春藤時打電話給媽媽，想看看同一時間家那邊是否有動靜。令人開心的是，常春藤和灌木叢都充滿嘰嘰喳喳的鳥聲。媽媽數了二十五隻，我這邊有四十隻。這些數目令我微笑。

想到家麻雀的舌中有根額外的骨頭（稱preglossale）讓牠們特別適合吃種子，就覺得無比神奇。希臘神話裡，麻雀是神聖的，經常與女神阿芙蘿黛蒂連結，象徵真愛與精神連繫。荷馬在《伊里亞德》第二部描述一條蛇吃掉九隻麻雀——八隻幼雛和悲慟的母鳥，決定了特洛伊戰爭將延續幾年。不曉得有多少人看著麻雀而感受到這連繫的深度，或只是讚嘆我們多麼幸運，能在生態系中共享同一空間。所有鳥兒都鮮明地活在我們的想像裡，將我們連繫到自然界，開啟各種創意。這種連繫真的消滅至無可挽回的地步了嗎？我拒絕相信。

我站在雨中，看羽翼蓬鬆的麻雀彼此交談，突然靈光一閃。注意到自然是一切的起點。放慢腳步聆聽、觀看。花點時間，先不管作業堆積如山。騰出空暇來駐足凝視，如同威爾斯詩人戴維斯（W. H. Davies）在〈閒暇〉（Leisure）中寫的：

若終日憂慮，生活將變成什麼樣，
我們將無暇佇立凝望。
無暇佇立於樹枝下
像牛羊悠然凝望。

穿越樹林時無暇觀看
松鼠將堅果藏在草叢何方。

但我不把它當成「閒暇」。這是實在的工夫。用心的工夫。花時間觀察自然，潛心鑽研其模式、結構、事件與節奏。數學家和科學家就是這樣培養出來的。艾倫．圖靈（Alan Turing）曾研究自然的樣態：胚胎中細胞的球形組織、花瓣的排列、沙丘的波紋、花豹的斑點、斑馬的條紋。他想為所有生物細胞的發育找出一道數學公式，稱之為反應擴散系統（Reaction Diffusion System），亦即模式轉化為刺激性反應的過程。多麼複雜！我無法在此闡述其理論，但啟發他和其思想的正是對於自然的思考。自然激發了創造力。我們要做的只是從「為什麼」這個問題開始。我的心思在自然中呼呼飛旋、甚或「做白日夢」的時候，都遠比我在學校研習時成果更豐富。

我藉思考來鞏固自己，當我一面思考一面認真觀察蜻蜓或椋鳥的飛行模式，這樣的思考會具爆發力與衝擊性。誰知道觀察麻雀將導向什麼結果呢！

一串串常春藤花環，心形葉片，結實纍纍，有些仍綴著花朵，許多結了黑莓果。一隻歐歌鶇飛來啄食地面的果子。一隻烏鶇出現在常春藤當中吃更多。我的制服已滲透，而且發現洛爾坎走了，他大概有跟我說，但我沒聽見。我太忙了。公車站與家之間的短暫停佇，比等著我的作業好太多。

十二月十五日，星期六

大雨傾盆，像玻璃砸碎在地上。鳥兒仍會飛來餵食器，狼吞虎嚥的程度使我們必須更勤快地添補。種子、堅果、板油。這裡是禽鳥的食物銀行。雨水模糊了視野，於是我打開通往院子的玻璃門，拉把椅子到門口，再拉一把來擱腳。我一面瀏覽週末的數學習題，一面看誰來造訪，標記並比較每週的紀錄。大多數週末我都會這麼做，尤其在下雨天。

儘管雨勢急驟，兩隻煤山雀仍來來去去，先在盛種子的碗邊以鍛鐵把手刮擦鳥喙，再叼起一些種子飛走。歐亞鴝溜到底下，主要在地面啄食，有時也停降在碗上——絕不碰餵食器。林岩鷚（Dunnock）也一樣，總是偷偷摸摸，從不來碗中進食。令人驚異的是，一隻鷦鷯停在我附近，啄食一行飼料，那是我倒飼料時，因頭頂一隻渡鴉啼叫而分神，不小心從袋中撒出的。鶺鴒靠得好近，可以看見白色和棕色上下起伏，看見風吹過掀起牠的羽毛，儘管它們非常溼。牠稍微翹起尾巴，有什麼改變了。我動也不動，宛如雕像，牠望向我這邊，一躍騰空，繞了一圈，飛進門邊的馬醉木（Forest Flame）灌木叢，它早在我們搬來前就穩據地盤了（大概是從園藝店買的）。

雖然對野生花園來說並不理想，馬醉木灌木叢有許多洞，是鳥兒疾速穿梭時衝出來的。有些洞非常小，有些則大得多。鳥兒都在裡面做什麼？有時候，聽起來就像某間都鐸式客棧裡爆發了一場鬥毆，好多不同的「口音」，住戶和訪客吵成一團。一個多元文化的社區。形形色色，全是鳥兒。某次有隻禿鼻鴉飛進去，整個樹叢像爆炸似地翅翼紛撲，尖叫聲四起。

一隻大山雀冒出來，從鶺鴒中斷的地方開始繼續吃，蒼頭燕雀也加入。那對黃雀還在，一隻飛來覓食，通常是雌鳥，雄鳥遠遠看著，直到雙雙飛去。我低頭看到門口已積了一灘水。雨還是很大，我的褲管都溼透了。怎麼會沒注意到呢？我又出神了。時間在觀看的真空中流逝。我彷彿黏在座椅上，看著三隻寒鴉飛來，寶藍的眼珠。一隻喜鵲接著跳過來，牠們都在那兒，一身狼狽地共食，抖著羽毛，將晶瑩閃亮的水珠甩進一片灰濛中。某種感覺如漣波般傳過牠們（或者只是吃飽了），牠們一下子全飛走。少了牠們，車聲趁隙進入花園，也使一切顯得空洞。我哆嗦著關上門，換下溼淋淋的長褲。

我們可以在花園裡為自然創造一個安全的空間，尤其在食物匱乏的冬季。對於自然和我們自己的愛護，可以發生在任何地方：生機洋溢的花園、自然保護區、棲息處、覓食的空間、滋養的地點。專注於花園中野生生物的活動和習性，可為智性與心靈帶來極大滿足。花些時間靜靜感受雨和觀察鳥之後，就不再覺得學校作業是件苦差事了。沒什麼比維護所有生物間的這種連繫更美好，甚至還可確保自家後院與繁忙街道上的一些物種能繼續生存。

十二月十六日，星期日

天空放晴，把亮光輕輕吹進這陣子霪雨霏霏的灰暗中。感覺我們已經幾星期不曾好好散步了；年末測驗和惡劣的天氣使幽閉恐懼加劇。我們都變得有點瘋瘋的。

我仍持續在潮溼中步行：清晨摸黑上坡，直到森林公園的騎馬道才折返。遁入雨中的短暫時刻。疾風總是能驅散家裡和學校牆壁間累積的昏沉與冷漠。

當郊遊的消息傳遍屋子，大家都如釋重負。我們要出門了！去羅斯卓弗的仙女谷（Fairy Glen, Rostrevor）。全家出動，蘿西也一起，穿著她的紫斑保暖外套。奶奶住在那附近，所以我們之後會跟她一起吃晚飯。

小時候，這樣的新計畫肯定會讓我的大腦陷入混亂。根本不可能成行。快速轉變會帶來劇烈的痛苦；迅速理解並反應對大多數人來說似乎很自然，卻令我膽戰心驚。如今，在媽媽的溫柔教導下——她必須針對這些郊遊做充分解釋和許多規畫——我可以更輕鬆地應付隨興所至、順其自然的狀況。我認為人們並不明白需要多少幕後的工夫，才能讓「我們這些自閉者」看起來還好。但大部分情況下我們都會壓抑忍耐，竭力控制，直到抵達安全的空間才釋放壓力。湍急的河流和輕鬆漫步。我想到吳爾芙（Virginia Woolf）如何透過在倫敦出門行走的舉動，將《戴洛維夫人》（*Mrs Dalloway*）裡的人物綁在一起；與我交織的不是人，而是風火水土，是大自然，它已成為我日常生活不可分割的一部分，我自己的故事。

但我這陣子一直跟人有互動，多過我人生中的其他任何時期。學校的生態小組已擴展至囊括各年級的二十多名學生。還有程式編碼社、午餐時的國際特赦小組，以及下課跟朋友們一起閒逛——沒錯，是朋友「們」！表面上，生活似乎很正常，但我的思考已開始探究得更深。由於不再那麼擔憂日常瑣事，因而釋放出更多空間，可以思索、夢想、漫遊於內心世界。我陶醉其中。晴陽多而日照長的春、夏季帶給我絕望。黑暗帶來撫慰和療癒。我不會像其他孩子那樣「社交」：放學後碰面，在社群平臺Snapchat上貼照聊天，為了YouTube直播主抬槓。我天生不擅長閒聊，此刻還滿慶幸自己如此。太多事物分散了我們對自己和自然環境的注意力，雖然這並不表示我不喜歡電玩——我們需要當三度空間的人類，不是嗎？多層次的。而我們和自然的連繫亦可與科技結合。沒必要一直斥責我們的數位習慣，從而孤立青少年——假如你要這麼做，請先檢查自己的習慣。當務之急應是為我們提供探索的機會與空間，給我們一個承認自然界是最偉大老師的教育體制。

習慣室內的陰暗後，外面的藍令人目眩。河邊很多週日出來散步的人，跟我們一樣想一解置身戶外的渴念。許多表情上寫著「啊，下了那麼久的雨，能出門真是太好了」。人們微笑著享受雨幕升起後嶄新的明亮。

洛爾坎和布拉妮蹦蹦跳跳地過河，在踏腳石上玩耍，無視水流湍急。他們看準石頭的間距，每一躍都恰到好處，來回穿梭如履平地。旁觀的媽媽每次見他們差點滑跤就倒抽一口氣，倒是爸爸——不可思議地——什麼都沒說。釋放精力的需要如此明顯，大家都感受得到。

我坐在冰冷的岩石上，脫下鞋襪，讓雙腳沉入沁涼的水下，感覺河水沖激小腿。我拿出雙筒望遠鏡搜尋周邊，什麼都沒有。單純享受水流迴旋的觸感，任刺骨的河水麻痺皮膚。過了一會兒，開始覺得刺痛，有點太凍了。我起身想去找其他人，但他們停在前面一點的地方，看著什麼東西，於是我待在原地。然後牠就跳到我面前，在河裡的一塊踏腳石上。一隻河烏，側著頭，露出白喉嚨，上下浮動著。鳥兒潛下水，我看得見牠在水中的身影，移動，走路，用腳吸附石頭。牠躍出水面，跳上岩石，開始快速不停地理毛，瘋狂抖晃。岸邊一道雪酪黃與銀色的閃光引開我的視線：一隻灰鶺鴒像飆車手似地急衝上岸。當我轉回河面，河烏已不見蹤影，倒是發現雙腳凍得發青。我趕緊套上靴襪，忍痛跑向前，沒告訴爸媽我凍傷了腳。不想讓他們大驚小怪。

仙女谷風光明媚，如詩如畫。位於橋街（Bridge Street）旁的入口，一側毗鄰常春藤覆蓋的小屋、石牆和青草岸，另一側則與基布隆尼公園（Kilbroney Park）相接，同名的河如動脈流貫其間，隔開了村莊與風景區、樹木與森林。橡樹沿河而立，這裡的山毛櫸仍有捲皺的葉，金黃燦亮，沒打算掉落的樣子。人還是很多，因此我們決定衝到對岸，轉離步道走上草地，那兒的週日散步客較少。為防萬一，我們再往前走些，然後才停下來喘口氣。

洛爾坎實在受不了人群，尤其在戶外。他沒辦法敞開胸懷，讓心靈發光照耀。他感受不到自然的刺激，無法說出想法。我們三個小孩都會自我刺激——「stimming」這個字被用來描述自閉症類群者的自我刺激行為。洛爾坎用各種聲音：吱吱尖叫、低沉的咕噥、柔和的呼嚕、吹哨和呻吟。布拉妮會扭手指，揮擺手掌，發出吸吮聲，她稱為「螢光減壓動作」。這並不怪異，只是不一樣而已。有些神經正常的人會講個不停——居然有那麼多閒話！我會捲繞頭髮，任意跳躍，有時——說來難為情——扭個幾下。附近有人時我會控制自己。洛爾坎也開始在旁人面前壓抑衝動。布拉妮因為年紀小，不懂得忸怩害羞，所以自我刺激時毫無拘束。但又如何？我們就是這樣的人。透過這些方式，我們的快樂得以噴湧，焦慮得以滲洩。這不過是我們調節大腦的方法。你說不定也會自我刺激，只是不自知罷了。你曾咬指甲嗎？會捻轉頭髮？拉耳朵？對吧，我想也是。也許我們終究沒那麼不同。

我們穿過沉睡的草地，乍看之下一片空寂。接著便出現了動靜，各種色彩和形狀飛掠。棕褐、泛紅、淺灰。田鶇（Fieldfare）。白眉歌鶇（Redwing）。槲鶇（Mistle Thrush）。一個個優哉游哉，伸長頸子，左顧右盼，俯身戳土。今早下過雨，因此有許多蠕蟲，但當一隻狗在附近吠叫，牠們全都振翅飛起，至少百隻，遠超過我在地面上看到的。牠們降落在較遠的草地，但沒多久又開始慢慢朝我們和田野移回。

田鶇和白眉歌鶇有時被稱作「冬鶇」(winter thrush)，從斯堪地那維亞和歐陸飛來這裡。我記得出生以來最慘的冬天，那是二〇一〇年。水管結凍，無水可用。我們拿雪沖馬桶。布拉妮滿週歲時，有位朋友從貝爾法斯特的另一端帶來瓶裝水，因為我們的用完了。氣溫降到攝氏零下十度，但我覺得很興奮，而且我們只能在客廳生火取暖，因為就像其他水管破裂的人家，我家的中央暖氣也故障了。

爸爸記得特別恐怖的一天，他下班後沿拉甘河走回家，看到街上有些凍死的白眉歌鶇。還有好多隻踉踉蹌蹌，撞到牆或摔跌在路上，奄奄一息。他好難過，卻無能為力。他試圖救治，但牠們已失去生命力。牠們為了逃離惡劣的環境而來到這裡，尋求溫暖、庇護和食物，不料在此喪命。我從未經歷過這種酷寒。在我們的小房子裡，大家抱成一團，為白眉歌鶇和其他所有鳥兒哭泣。

我們站在草地上，再多看鳥兒一會兒——非常活潑健康，直到爸媽提醒我們該去奶奶家吃晚飯了。多麼幸運，總是有溫暖而歡迎我們的地方可去。

十二月二十一日，星期五

時間還很早，我在上學前來到森林公園，尋找散落的色彩和光線。禿鼻鴉也醒了，啼聲劃破空氣。今晨我不喜歡牠們的啼叫——我從不會不想聽見牠們，但這聲音感覺冰冷刺骨。我把外套的拉鍊再拉高些——寶藍色，這是四下最輕狂的東西了。腳下草叢潮溼，湖面波濤漩湧，幾近黑色。我覺得沉入其中。我出來尋求慰藉，卻迷失方向，走到令人不安的邊緣。感覺愈來愈詭異。我慌忙折返，逃離這些感受，而在這麼做時，光明降臨。我看看錶，已經晚了。真不想上學。但今天是最後一天，只上半天。

我拖著腳步，直到下課時在足球場後方晃蕩，才覺得輕鬆些。這是上學時的一個好去處，更棒的是現在天空湛藍，冰冷但晴朗無雲。我靠在山毛櫸樹幹上，隔著套頭毛衣和外套感覺它銀色的樹皮貼著我的背。想想今天，發現我忘了冬至這回事。或許我沒忘。或許今晨詭異的散步與它有關。我被拖下床，在大家醒來前起身出門，被拉到鐵灰色的湖邊，就為了尤爾節，亞瑟之光[5]。我在黑暗的樹林散步；德魯伊教徒[6]收集槲寄生並焚燒冬至木：將原木擺在壁爐旁，撒上麵粉，淋上麥芽酒，以去年沒燒盡的木片來點燃它。

等我從學校回到家，媽媽將已採回冬青和常春藤。這些常綠枝葉是每年必備的裝飾。我們的聖誕樹也將立起，占去整個房間，遍地是松針。屋裡有一整棵樹真令人興奮。以前我們都會生火，但新家沒壁爐。這是我們第一次不在冬天生火，我直到剛剛才發覺。但我也一直沒發覺自己有多喜愛黑暗，而黑暗將從今天起逐漸隱退。這是轉捩點。光明將至，家裡會點蠟燭——還有聖誕節。這或許是一年中最黑暗的日子，但光明始終都在。黑暗與光明。我們兩者都需要，為了喘息，為了再生。

學校的鐘聲將我拉出白日夢。一隻歐亞鴝也跟著鳴唱，告訴我仲冬來臨的消息，牠停歇在青苔和地衣覆蓋的山毛櫸枝頭，我平視的高度。鳥兒並未隨我移動，牠繼續唱著，當我轉身回學校，仍聽得到牠顫聲啼囀，不曉得有沒有別人聽見。我在半路停下，心血來潮地跑回去擁抱那棵山毛櫸，感謝過去四個月來看顧我的諸位長輩，這是我在學校度過最棒的四個月。

十二月二十五日，星期二

聖誕節這天才剛破曉，布拉妮的雀躍歡呼就響遍整間屋子。一輛單車！一輛單車！很快她就會在外頭呼朋引伴——時間有點太早，但她等不及了——冒雨騎車四處繞。我一向早起，聖誕節早晨也不例外。大家愈來愈興奮，平日的各種雜音都被撕包裝紙聲淹沒。聖誕老人給每人兩份禮物。巧克力金幣、裝滿貼紙書的長襪、一副紙牌、一顆橘子或自製薑餅人、樂高積木或摩比（Playmobil）人偶——我從不「玩」人偶。我會組裝它們，排成一列或擺成各種隊形。但洛爾坎就會玩他的，而且玩得很凶。身為兄弟，同是自閉兒，卻非彼此的複本。

印象中聖誕節早晨一向很快樂。不記得哪次是難過的。我總與家人共度，在屋裡，很安全。每年我們都看電視上的動畫《雪人》（*The Snowman*）。昨晚，聖誕夜，我們都收到一小疊新書，可在假期和剩餘的冬日裡閱讀。這是另一項年度儀式。我拿到菲利浦・普曼（Phillip Pullman）的《塵之書》（*The Book of Dust*）、一本二手的《卡德法爾》（*Cadfael*），連同一些講述自然的書籍和奇幻小說。

拆禮物後，我們提前準備晚餐，以便有充足的時間把自己包得暖暖的出門散步。媽媽是指定兼自派主廚——沒人有異議，但我們都會幫忙削皮和清理。嗯，多少幫一點啦——今年聖誕節爸媽給我們一臺Xbox電子遊戲機，因為我們喜歡一起玩開放世界的戰略遊戲[7]。有時我們會用暴力，但總是先盡力以和平手段解決。談判、妥協。這就像真實世界嗎？我們能夠分辨。大多數青少年都可以。我們玩電腦，但也會玩膩，那就到了該去戶外的時候。這正是我們要做的，但得先設法說服布拉妮別騎單車了，好讓我們能帶蘿西出門。

我們一起頂著急旋的狂風，朝慕洛克海灘前進。抵達時正在下雨，天空感覺好低，彷彿要貼到頭上來。我們通常往左走，今天卻右轉向沙灘，走上滑溜的木棧道。到達沙丘時，布拉妮發現一些角鯊（dogfish）的卵鞘——俗稱「美人魚的錢包」，以及一支渡鴉的羽毛。我找到一支紅隼的羽毛，回想起秋天時在這裡看見的鳥兒。我撫摸它強韌緊緻的形體，小心翼翼地放進口袋——我從不曾撿到過紅隼的羽毛。

繼續往濱線走，兩側都是沙丘，不知從哪兒漫起一片海霧，吞沒地平線，只見一條帶狀的波浪在起沫、噴濺。沙灘上，風抽打我們的腳踝和臉龐，猛擊我們的胃。我們衝向浪花，再轉身跑給它追。洛爾坎和布拉妮發現某種死掉的海藻，拿來互相劈砍，笑得前仰後合。我留下他們自個兒玩，回頭走上沙丘。

走著走著，從波浪捲升的薄霧籠罩上來，以纖細的卷鬚悶窒我。我嚐得到鹹味，聽見浪花拍岸，卻看不到幾英尺外的景物。我可以感覺到看不見的遼闊浩瀚，於是蜷縮在一座完美無缺的沙丘旁尋求庇護。

突然迸出兩個身影，彩虹圍巾和帽子：洛爾坎擺出維京人的架式，朝我衝來。我也開始奔跑，三人同聲對著迷霧嘶吼，為更好的世界而吼。我們的吶喊半是號召團結，半是出於絕望。同時也為內心深刻的感受，為了這地方，為了彼此。我們手牽手跑下沙丘小徑，連成一線，沒有斷開。此刻我們都是戰士。我們奔向海浪，任海風把臉頰拍紅，一直跑到濱線前才停下，互相擁抱。有時我們會情不自禁地這樣做。無法控制的衝動，如同巴蘭鼓[8]的節奏，伴著笛聲和小提琴從某處飄來，環繞著我們。在海風撲擊下，我們笑著放開彼此，跑過整片海灘，奔向爸媽和蘿西。

我們返回停車場，興高采烈，上氣不接下氣。樹叢中有鳥在吱吱喳喳叫，但我必須一動也不動地站在緊鄰保護區的圍籬旁，望進霧裡，分辨那些身影是黃嘴朱頂雀（Twite）還是赤胸朱頂雀，每根禿枝都停著一隻。發條似的細微動作，啁啾啼囀的合唱團。牠們振翅飛起，降落在原野上，開始在地面混打成一團。一首歌穿透眾聲嘈雜，響亮奔放如歐亞鴝，但這次是林岩鷚，喉嚨因用力而振動，在霧氣瀰漫中歡唱，一聲聲抑揚頓挫，破空而出。趁著四下無人，我放任自己跳起來扭一下。連蹦帶跳地跑向車子，我發現自己餓極了。

這一天過得飛快，從容輕鬆，桌上沒有擺飾（除了餅乾），也不玩派對遊戲（除了西洋跳棋、桌遊「沉睡皇后」〔Sleeping Queens〕——那是布拉妮的聖誕禮物，當然還有Xbox——當洛爾坎和我唱起《無界天際》的主題曲，媽媽就開始後悔買它了）。稍後，從媽媽的手機看我們在慕洛克海灘的照片，看得出海風吹打濱草，風蝕作用雕塑著沙丘，雖然我們一家在廣角鏡下顯得微不足道，但拉近細看，就能看出我們感覺多有生氣。

媽媽在燭光下朗讀《黑暗正崛起》（*The Dark is Rising*），就此結束這一天——她甚至比平常更加重了語氣。或許是紅酒的關係。

一月四日，星期五

傍晚時分，我們追蹤一群在林間和田野飛來飛去的赤鳶。遠遠看著牠們，像雕像般停歇著。到目前為止我們數了七隻，但許多已離開去年的巢位，而現在還沒到牠們安頓新居的季節。令人驚異的是，我發現一隻白變[9]的鳥，全身白色，在樹木襯托下特別顯眼，卻與天空融為一體。

我們跟朋友諾琳（Noreen）一道來此，她對赤鳶無所不知。去年此時，我在這裡做赤鳶棲所調查時遇見她。當時情景仍歷歷在目。那是跟今天一樣晴朗的日子，莫恩山脈上方的晚霞璀璨如火，赤鳶懶洋洋地滑過我們頭頂，距離才幾英尺。牠們的慢動作使我能辨認細節和斑紋，甚至看得出羽毛隨風飄動。美得令人屏息。在那個散發鎢絲光的傍晚，我們數了十六隻鳥兒。

赤鳶是首先觸動我心弦、引誘我進入猛禽世界的鳥。六歲那年，我開始閱讀關於牠們的一切，卯足全力學習，並計劃如何能接近牠們。我想瞭解牠們。想幫助牠們。赤鳶一度在本地滅絕，但二〇〇八年，經過一百七十年因迫害所致的消失後，人們從威爾斯捕到赤鳶，重新引進莫恩山脈。我們得以再度親見這些光彩奪目的燕尾鳥，並能花時間看牠們滑進又滑出視野，潛入我們的想像中。

重新引入赤鳶已十年，牠們的故事交織著絕望、耐力與希望。毒殺有之，射殺有之。但有一小群投入者拒絕放棄，如今這附近的社群正在反擊，因為他們漸漸為「我們的鳶」感到無比驕傲。我也自認是這社群的一員，很榮幸能回去目睹牠們飛翔。那翅翼撲閃的景象總教我百看不厭。

我們又看了一會兒赤鳶，直到媽媽坦承她很想看椋鳥。她可以望見遠方有幾小群椋鳥正在結集。現在是群飛的季節。她開始告訴諾琳和另一位志工，我們一直在尋找這附近著名的棲所，到目前為止一無所獲，只發現幾隻迷路和掉隊的鳥兒。諾琳微笑著告訴我們新的地點。

赤鳶在枝頭弓起身子，文風不動，看起來決意要留在原地。我不願離去，有點失望今日傍晚的景象不若去年壯觀，但當我們上車開走時，我可以感覺到熟悉的悸動。我從未見過椋鳥群飛。我們總是太早或太晚，或在正確的時刻到了錯誤的地方。也許就是今晚。赤鳶會引領我們找到椋鳥嗎？

我們開上荊棘夾道的窄路，再爬升至能眺望田野和樹林的地方。在一個陡降處，有片烏雲在移動。媽媽把車停在路邊，我們下車傾聽，翅翼撲拍粉碎了鄉間的寂靜。牠們在我們頭頂迴翔，一道河流般的風，起落在牛群吃青貯飼料的穀倉上。牠們旋繞著繼續往丘頂移動，於是我們追逐、奔跑，感覺肺裡的空氣鋒利如刃。我們停在山楂樹籬纏扭的枝椏前，向外仰望，椋鳥群的陰影彷彿通過隱形漏斗流出，再橫掃過天空。匯集的鼓翼者，變形師。當一隻遊隼切入，牠們為安全而凝聚之磁力即失效。鳥群朝相反的方向拉扯，分裂，滑移。遊隼再次衝散牠們，隨即消失。太驚人了。任務達成，也許吧。

當椋鳥再度結集，我們無從得知是否其中一隻已被抓走。天色漸暗，鳥群仍繼續綻放與轟鳴，在蒼灰的天空下展現各種摺紙的形狀。當振動漸慢，媽媽和我可以看到牠們開始停降在柏樹上，先是三五成群，然後在瞬間全被吸走，沒入夜色，連帶傍晚僅存的一絲餘溫。深沉的寂靜取而代之，將夜晚轉變成玄武岩。我們興致高昂地開車回家，聊個不停，不時微笑和讚嘆「我的老天」，把漆黑的夜都照亮了。

一月十三日，星期日

前幾天突然轉暖，變出了一叢榕毛茛（lesser celandine），早開得令人難以置信。我無法為它們慶賀。心情很矛盾。彷彿它們生長在一個錯亂失調的星球的陰影裡。

早上覺得筋疲力竭。這陣子每晚的主題都是化學。作業，修訂。我在學校仍過得不錯，但內心有種隨時要爆發的感覺。是社交互動開始產生負面影響了嗎？也許是川流不息的提問者，包括在現實世界與社交媒體上。令人吃不消。我處理這一切的能力正在減慢，彷彿記憶中有許多蔓延的空白區塊。這讓我憂心忡忡。應付了一件事——發表演說、寫文章、做訪談，另一件又迎上來，有如骨牌。事情發展得很快，我開始跨出平常的界線，大腦卻不時短路。一切都太多了。我需要重新啟動，重新組裝。此刻我甚至得把自己拖出門，雙腳有千斤重，好似在拉鉛塊。一週週往前延伸，感覺永無止盡。我試著透過步行和書寫來釐清思緒。大多數的日子，我至少會走一小段路到海濱步道和沙灘，或走上森林公園，感受風，尋找文字。把這些全寫下來，盡情傾吐，有助於我理解世界。一開始的塗塗寫寫已發展成我生活中的一個主要形態。我需要從某事、某處找到能量。

一月十九日，星期六

一口氣跑上母雞山（Hen Mountain），感覺精神振奮，面臨渡鴉的國度，坦蕩豪邁的風迎面撲來；就是在這高處，雲朵與花崗岩環繞下，我找到自己需要的能量。登頂時我看著爸爸，心想我們是不是衝太快了，於是休息了一會兒。今天只有我們三個：洛爾坎、爸爸和我。（布拉妮想待在家裡跟朋友玩；媽媽滿心不情願，但得留下來陪她。）

爬上母雞山和相鄰的公雞山（Cock Mountain）與鴿石山（Pigeon Rock Mountain）的路相當陡。你不斷往上，感覺腿部肌肉拉緊，需要一股衝勁才能快速攀登。這是洛爾坎夢想的爬山：迅疾而猛烈。他長大後想成為跑山者，看著眼前的他，我完全可以想像那情景。他釋放能量時真的變了個人。此處人稀少——唐納德山總是很擁擠，很難進入渾然忘我的境界。這地方卻不招引人群，尤其在冬季。也許母雞山會逐漸成為我們的新勾馬康奈或奇利基根。[10]一個長大後的遊樂場。

我們登上山頂，在那裡，長年切割出來的花崗岩溝槽深入突岩的核心。三塊狀似王冠的岩石露頭[11]，由烈火鍛鑄而成，歷經歲月的雕塑與磨蝕。當我撫摩岩石粗糙的表面，感覺並不潮溼，卻留下潤澤的痕跡。山留下印記，水滲出它而滲入我；每次的碰觸與震顫都是滋養。

兩塊被稱為「牛角」的岩石間有個泥塘，在冬季裡凝定無波。我把手伸進去，感覺泥炭的冰冷。指尖的觸感讓我想起薛摩斯．黑倪在〈一位博物學家之死〉（Death of a Naturalist）的詩句：**若我將手伸入，蛙卵會一把抓住**。我們得在春天回來看看有沒有蝌蚪萌動。

每次到山上，我都會跟自己約定：拋下所有的人世憂慮、問題、思緒。絕不讓它們掩蓋我對自然、對這個地方的體驗。我花很大的力氣學習，也不是每次都做得到，但這麼做能讓萬物湧入內心。我拾取每一絲氣味、聲音、振顫、閃爍，直到它占據腦中的所有空間。

人們問我何以對自然有如此強烈的體驗，事實是，我只有在稍後寫下一切時，才明瞭自己經歷了什麼。強烈的感受噴湧而出，我再度感覺到每件事物。藉著在紙上塗寫或打字，我重溫這些時刻。不需費力思索；所有細節都在腦海中，每次都令我驚訝。而在這高處，我並沒有在思考。我在感受、觀察。腦中的相機喀嚓喀嚓拍下公雞山上蓬鬆的雲朵、花崗岩裡積水的空窿凹陷、周圍公雞山和鴿石山的影子，所有吸引我目光的東西。

我們躍下部分露頭——好幾處的落差達三十英尺，所以我們改坐在邊緣，雙腿懸蕩，體驗底下無壓力的感覺。真是過癮。當我們攀上更大的突岩，坐下來休息時，一隻渡鴉降落在洛爾坎附近。我可以看見每根在日光下泛著虹彩、呈紫黑色的羽毛。我從未這麼近地看過渡鴉。感覺心臟會迸裂，或跳錯方向。我穩住自己，吸收一切。我聽見風吹拂牠的羽毛，喉羽向外抖豎的簌簌聲，還有那不可思議的黑眼珠，一眨也不眨。洛爾坎（難得）說不出話來。他緊握我的手，以壓制喊叫的衝動。牠停在我們身邊大約一分鐘，馬拉松的一分鐘。山的一分鐘。因為光陰在這裡慢下來，沒什麼好急的。毋須匆忙。我聽到頭頂上有翅膀撲拍，另一隻渡鴉飛起，如絲緞滑升。我望著牠們一起呱呱叫著高飛遠颺；洛爾坎和我可以躺下，吐出剛剛憋住的一切。

重新組裝尚未完成，但我感覺更健壯、更放鬆了。笑容肯定是更開懷的。

一月二十日，星期日

昨晚睡得好深沉啊。近幾年來，睡得這麼熟的次數單手便可數完。這讓我精神煥發，也更堅強了些。早上媽媽說她需要出門走走，到某個比平常更遠一點的地方。她建議去沃德堡（Castle Ward），一個由國民信託組織管理的莊園，因《冰與火之歌》(*Game of Thrones*）而聲名大噪——我沒看過這部影集，因為年紀太輕，但可以想像其場景：城堡、中庭、塔樓。抵達時，洛爾坎看見遊覽車和穿著戲服四處走動的人，忍不住發出呻吟。人人都想沾一點螢幕魔法！一張可上傳推特或Instagram的自拍照。我希望他們明白魔法無所不在。

我們坐在長凳上眺望史川佛德灣（Strangford Lough），等一群從巴士下車的人往前移動。聽得見赤足鷸呼哨和杓鷸哀鳴，牠們振翅飛翔的啼叫聲颳過水面。我看著一隻用弧形的喙戳泥巴覓食。很特別的是，杓鷸和赤足鷸擁有幾乎能彎轉的喙：其上喙末端可獨立向上屈曲，這種能移動的嘴喙稱為「彈性嘴喙（rhynchokinesis）」，就算埋在泥巴或溼沙裡，也能張嘴抓取食物。這些適應環境的演變令人著迷，簡直嘆為觀止。

稍晚，探索過城堡和園區後，我們發現一隻蠼螋（earwig）和她的卵，窩在一堵老牆的石頭下。常春藤葉柳穿魚[12]（又稱千子藤〔mother of thousands〕）覆蓋了大半牆面。這種原產自南歐的植物，幾百年來習慣了愛爾蘭的風土，而今生長在沃德堡，帶著常春藤般的葉片和金魚草狀的三枚花瓣攀爬，不放過任何角落和縫隙。這當中，母蠼螋巡視她那批奶黃色的卵——她們是勤勞的母親，如果巢受到攪擾、打散了卵，她會把它們重新兜攏成團，再繼續守護。鼠婦也是重要的伐木工，還會分解腐敗的物質，回收清理。牠們都是生態系統不可或缺、精細複雜的一部分。

對昆蟲來說，一面牆就是整個世界，冬季裡生機盈溢的宇宙。仔細觀看、注意，就會發現樣樣鮮活。最微小的生物可能最有趣也最易觀察。看著一齣齣迷你劇上演，許多疑問浮上表面。鼠婦看起來像在開碰碰車：貌似胡衝亂撞，但也可能不是。記得住在貝爾法斯特時，花園裡曾發生過一場蜈蚣和蠼螋的戰爭。我趴在地上看得目瞪口呆。不知歷時多久，但蠼螋刺入蜈蚣的側邊。我並不為死亡而難過，知道這就是大自然。平衡。一個牆形宇宙的秩序。

二月三日，星期日

我在斯圖爾特山（Mount Stewart）的一棵大橡樹下消化這一切，這裡是自然保護區，俯瞰史川佛德灣。我聽見黑雁（Brent Goose）引吭，啼聲與海岸颳上來的狂風交織。天寒地凍。天空是鴨蛋青色，晴朗明亮。枝幹姿態奇特，晶瑩剔透，像複雜精細的地圖，或伸向空中的枝狀冰晶。要是我們多利用樹木就好了——用來引導方向，增長智慧，傳授社群和彼此連繫的道理。

一隻普通鵟展翅高飛，在橡樹前方的原野上空盤旋，另一隻加入牠，比翼翱翔，跳著求偶的迴旋舞，爪翅互碰，騰升又落降。迷人的表演讓我忘卻部分憂傷。世上有些事物如此美善。我需要牢牢抓住這所有時刻，防止自己受侵蝕。

經過那些充滿作為的日子，二月轉瞬已至。我考完化學考試，而且又去了一趟倫敦，發表演說、參加活動，才剛回來。感覺好疲憊。比較奇怪的是在倫敦動物園會見環境部長。當然，他遲到了。遲到很久。他的演說很有說服力，口若懸河，順理成章。但講話有時實在太容易了。言語可以變形，沒轉化成行動就被輕易遺忘。部長那天提出宏大的承諾與計畫，但它們如今安在？而且他根本沒留下來聽我演講，也沒聽任何年輕人演講。他來去匆匆，不久後，感覺就像他從未到場。

幸好住在動物園裡的加拉巴哥象龜（Galapagos tortoise）挽救了這天。撫摸牠們的硬殼、感覺那平滑對稱的輪廓，真是一大撫慰，因為除此之外就只是給部長和動物園拍照的機會而已。但對我來說，那是接近這種雄偉生物的機會，一共三隻，之前我只在電視上看過。世界最大的陸龜。我實在不忍心想像達爾文騎在一隻上面，更別說吃牠們的肉了。

如同我受邀參加的許多活動，那天在倫敦的感覺就像一種「致意」。孩子們被邀請來「發聲」，分享其想法、希望、夢想、痛苦，然後就不了了之。成年人從不邀我們坐下來一起擬訂計畫。我們掏心掏肺，敲鍋敲碗，全是徒勞。至少沒有具體的結果。就全球而言，我們自一九七〇年來已失去百分之六十的野生物種。而卻是我這個世代被貼上「冷漠」、「放縱」和「渙散」的標籤！反觀那些實際控制我們接觸野生動植物的管道，以及繁忙道路、住宅區和綠地之間的界線的成人們，仍繼續做出與大自然相牴觸的決策，並把公帑花在上面。

代溝日益擴大。感覺像會導致滅絕的定時炸彈。難怪近四分之一的年輕人有心理健康問題。我們的世界在成就、物質主義和自我分析之間愈漸分歧。我們與自己、與彼此和世界的關係來到臨界點。一個如此錯綜複雜、互相依存、本質上緊密相連的世界。如此棘手。一邊是龐大的組織、經濟和發展，另一邊是與我們共享星球的物種們，兩者間的權力鬥爭已嚴重失控，使人很容易感到難以承受、抑鬱而茫然。

我一直在跟這種狀況奮戰。有時心跳得跟蜻蜓振翅一樣快，我的心理健康受到嚴重影響，因為無處可表達這些對於無所作為的絕望感。我與自然界的緊密連繫確實平撫並減輕了這些削弱力量的情緒。當我沉浸在自然裡，會比較不專注於自身，而更加察覺到周遭的生物——樹木花草、禽鳥和哺乳動物（幸運的話）。我們在這些邂逅中體驗喜悅，也許是在這些時刻，我才清楚瞭解到我們都能夠確保這壯盛的美受到照顧和保護。我們全都是監護人。

我也發現，聚焦於地方層次，即我的生活環境，是我最能有效發揮力量、帶來希望與改變之處。我在學校發起生態小組時，並不確定會有人來參加，因為我以為其他年輕人都不在乎。我大錯特錯。也許是之前在他校試圖成立環保小組的慘痛經驗影響了我。如今我也明白老師們皆已竭盡所能，即使我們仍需他們和其他成年人協助，我們也可以自己採取行動。生態小組現在人滿到爆，各年級學生都有，而加入的人告訴我：參與其中、將想法付諸行動、分享感受並反擊讓他們感覺很好。說不定他們只是在等待機會。或許我們都需要更多機會採取有意義的行動。

在一個快節奏、競爭激烈的世界，我們需要感覺腳踏實地。我們需要感受土地，聽見鳥鳴。需要運用感官以置身世界。如果我們拿頭撞一堵磚牆，撞得夠久，說不定它會崩塌。或許碎礫可用來重建更美好的事物，實現我們自己的野性。想像那情景。

二月十五日，星期五

我從不曾在這麼寒冷的風裡直挺挺地站這麼久。獨自一人，身穿制服，在上學日、上課時間，戴著手套舉起兩面標語牌，上面寫著「為自然罷課」、「為氣候罷課」。萬里無雲，但颳著入冬以來最強勁的風，挑戰地心引力。吹著我，把沙吹過新堡的防波牆。我站了四小時。挺身對抗貪得無饜的世界。對抗那些只取不予的人。那些人偷走我的希望，也偷走未來世代的希望——他們將繼承一個被榨取殆盡、不再豐饒的星球。人們停下來問我為什麼。路人、教師、家長、想採訪的廣播電臺。這不是我期望的。他們不想談議題，只想談「我」，「我覺得」如何。不談科學或事實。不談氣候變遷和大滅絕的恐怖，或全球年輕人為何被迫行動——這些年輕人深切重視教育，卻不得不以行動抗議政府的無作為。但我不是末日預言家。我無法像那樣，因為我每天看見好多的美，而這是莫大的榮幸。我絕不會質疑任何人的悲傷或恐懼，因為這些也無比真實。氣候災難正在顯現，數百萬人的生存岌岌可危。他們的經歷是真實的，恐懼是真實的。打在我背後防波堤上的海浪，十年、五年後會變成怎樣？這濱海地區的每個人將受到什麼影響？所以，沒錯，我加入其他人的行列，效法格蕾塔・桑伯格和全球數千名學生。我走出學校，帶著媽媽的祝福和校方的默許。雖然我知道他們都以我「為榮」，但他們不能公然表現出對於公民不服從的鼓勵。媽媽陪著我，在我回學校前給我一杯熱巧克力。我凍僵了。但帶著標語回學校很重要。我需要告訴其他學生理由。此刻在心裡反覆思量，不確定這麼做的效果。這只是同志情誼嗎？他們只是因為我叛逆而感興趣嗎？多年來我一直壓抑必須做些什麼的感受。而單單這項舉動招來的關注，便超過我所做的一切：所有關於猛禽的工作，以及我的書寫引發的談論和獎勵。這樣做更有力嗎？所有的大人都在告訴我們這一代的運動者多了不起，在社群媒體或報刊上讚揚我們的行動，但他們自己又在幹嘛呢？我的世代掀起一股風潮，這著實令人興奮。但讓人無法認同的是尋找「領袖」。氣候領袖。少年領袖。這種期待似乎十分荒謬。看來我也成了其中之一。單憑一個走出去的舉動，我就被戴上冠冕。這讓我很不安。這不是我，根本不是我。

二月十七日，星期日

去年，我在一月底看到第一隻青蛙。當時氣溫不到五度，但牠怡然自得地跳在冰冷的地面上，穿過我們在庫卡山健行的小徑，消失在帚石楠中。今天早上，比去年晚了近一個月，我發現一隻躲在荊棘的陰影裡，皮膚緊緻，四肢收攏，伏在泥巴和腐爛的橡葉上。我等了又等，等著牠動，但因我們在趕時間，我的耐性和保持不動的決心終於不敵青蛙，只好放棄。

我們要回弗馬納幫外公過生日，途中在泥炭地公園（Peatlands Park）——離

M1公路不遠的自然保護區——稍作休息，因此只停留很短的時間。吉米外公今年七十歲了。我好高興能跟他和潘米拉外婆重聚；自從東遷至唐郡後，就很少見到他們，而他們總是滿心期盼跟我們相聚。外婆比外公大一、兩歲，精力不輸年齡只有她一半的人。外公的眼睛閃亮，是我認識最仁慈的人。再度西行，半是返鄉的快慰，半是黯然神傷。

泥炭地公園的插曲頗受歡迎，我們可以伸伸腿（還有青蛙），再繼續剩下的車程。一路上，我的心思飄到跟外公相處的最早記憶。那是在我們造訪弗馬納的克羅姆莊園（Crom Estate）時。洛爾坎尚未出生，但那景象無比清晰：我們走在一條緊鄰城堡廢墟的小徑上，城堡屹立於高陡的岸邊，俯臨厄恩湖。我蹲下來想聽蚱蜢叫，但不懂天氣太冷不能蹲在草叢中。我記得外公牽我的手，告訴我他出生的地方，以及他每天要走好幾里路去上學。他跟我說他父親如何製造馬鞍和書包，還當郵差送信。我被他輕快的聲音和溫柔的性情迷住了。

媽媽認為我是根據照片編出這段記憶的，因為當時我還不到兩歲。但我確信它是真的。也許我長大後想到更多細節、附加了新的記憶，但那一刻留下深刻溫暖的感受。我肯定在喋喋不休地說些什麼，大概以「你知道嗎」開頭。我很早就會說話，讓大家傷透腦筋，因為我老是講個不停。問問題。重述關於空間或鼠婦的事實。外公超有耐心，總是傾聽。我們走路時，長長的草搔著我的腿。在社區公園或遊戲場，我常因渴望傳遞訊息、愛講話而受譏嘲。這種行為不受歡迎，也讓我成為霸凌的標靶。跟吉米外公在一起，這些都不會發生。他聆聽，說話，把我舉在懷裡看城堡。我們一起撫摸石牆，我親吻他的頭。

那天是我最早的記憶之一，我將它珍藏在心，溫柔守護。我看見外公眼中的悲傷，媽媽擁抱他的樣子，她的爹爹。她總是喚他爹爹。我不記得離開城堡後曾在中途停下來看他小時候的農舍。但媽媽告訴我，我們行駛過蜿蜒盤繞的道路，到克里夫叉口（Crieve Cross），再繼續往鄉下開，直到看見它，粉刷的白牆面，不比工具棚大多少；顯然我無法相信它能住那麼多人。我至今仍想像那間農舍置身於完美的鄉間，天空遼闊，山楂遍野。

現在我長得比外公高了，抵達酒館時，大家忙著互相擁抱、打招呼。我特別緊緊擁抱他和外婆，因為生命如此脆弱，而且美得令人心痛。

三月三日，星期日

我們住得離山好近：康美達山（Commedagh）、唐納德山和柏納山（Bernagh）俯視著我的學校生活。被它們環繞的感覺真好，更棒的是可以心血來潮就奔向它們，如同我們今天早上做的，因為連綿不斷的雨終於停了。

我們開往婦巒路（Slievenaman Road）上的停車場，以便進奧特山快速逛一圈，甩掉被霪雨久潮浸入骨的懶散。車子爬到一半，天氣驟變，越過坡頂時，我們駛入一場暴風雪，看不到擋風玻璃前兩英尺。這完全出乎意料，令人驚恐；但我們很幸運，因為停車場的入口已隱約可見。

這是我整個冬季唯一遇上的一場雪，因此我們頂著風雪下車，不是為了要走路，只是想感受它。在舌上和頰上。雪讓所有聲音變微弱，在我們腦中創造出好多空間。只有在這種天氣，我才能如此清晰地理解當下的經驗。通常，由於各種景象、聲音和感覺同時湧上，我可能會嚇到。感官超載，表示我無法充分消化大部分的經驗，直到稍晚回到陰暗的房間，我才能從頭重溫那個時刻，將一切傾洩於紙頁上。雪中的情況不同。思緒頓時滔滔展開。顏色變少，深度變淺，一切化繁為簡。

那真是奇妙的體驗，與世隔絕，感受卻豐富而強烈，即便在狂風呼嘯、暴雪如飛瀑的此刻，我的腦筋仍以不同的方式撥彈著。我可以感覺到突觸在發送訊號。我能聆聽，我聽得到。我可以同時思考、說話、感覺和移動，不再讓其中一種操作笨重地撞上另一種。當我解釋這種感受，從不知別人是否能懂。我猜你得變成我才能真正瞭解。但我想我們對雪都有近似的反應，只是強度不同。

新的大地調色盤顯露鳥的蹤跡，我突然想起自己更貼近地面的小時候，曾在雪地追循一隻狐狸的足跡，從我們在貝爾法斯特的家，穿越馬路到歐默公園（Ormeau Park）。那是星期天清早，路上沒車，沒人，沒聲音。只有狐狸的腳印。洛爾坎在揹巾裡，因為他前晚不睡覺，現在累了，而且也還不太會走路。我們從沒找到狐狸，但重要的是追蹤的過程，穿行於城市的靜默，度過我在那裡生活的八年中最安寧的一天。永難忘懷。我記得把手插入雪堆，看看是什麼感覺，然後在雪地裡打滾，像穿雪褲的小狗。笑著。笑著。笑得如此放鬆。

我從婦巒路上的停車場爬了幾級石階到視野較佳處，雪片紛飛，令人眼花撩亂，我的腳踩進更深的積雪。除了樹木鮮明的輪廓，觸目所及皆是白色。我仰著臉迎向雪，迎接那刺痛和滋味。我想待久一點，但爸爸擔心回程的狀況。我們得走了，就這樣，當我們走下坡，鑽進車子開走，暴風雪和那片純白也隨之消失。一切都跟之前一樣。殘留的溼氣在地面閃閃發光。沒有雪的跡象。它真的發生過嗎？我們全都夢見它嗎？我的靴上還有殘雪，雙手凍得紅腫，這是納尼亞的證據。進出一個美麗、奇異又熟悉的世界。大概是冬季的最後一吻。我很高興自己仰起頭感受它。

三月二十一日，星期四

森林裡進行著各式各樣的舒展。銀蓮花和羊齒植物從耐性十足的土地——從那昏暗而古老的空間蹦出。晚禱聲此起彼落，樂音在寒冬靜寂後再度充塞空域。藍鈴花含苞待放。春光與暖意瀰漫群山，延伸到我身上。我擁抱過黑暗，但如今這明亮的感受令人陶醉，生氣蓬勃而具爆發力。通常我到了三月都會變得很焦躁，渴盼春天。但這次不然；我為每一天著迷，盡情享受每一刻。

明天我將跟其他學生一起走上貝爾法斯特街頭，與許多人一同發聲——不像上回那樣獨力奮戰。這讓我覺得更開心。群體的公民不服從效果更好！而且我將不必承受那麼重的負擔又吸引過多關注。生態小組不久將暫休一陣子，而我得專心研讀今年將修習的部分初中課程，但我們也一直在努力提升校內的活動，犧牲午休時間，拉布條集會，散播環保意識。這一切讓我興奮難抑。我從未有過這樣的感受，感覺好陌生，耳目一新，也備受激勵。不曉得是不是忙碌的緣故。行動。密集的野外體驗。我也在舒展，而且坦白說，感覺遠較穩定。不是停滯，絕非停滯。也絕不妄自視一切為理所當然。我認為那會帶來災難。我知道世事無常，但似乎有更多個別的力量正在凝聚。

上星期日，為了慶祝聖派翠克節，我們去格倫達洛朝聖，那是個冰川谷，有兩座湖泊和一個古老的修道聚落，由聖凱文——我的烏鶇聖人創立。我頭一次去，一心只想感受孤獨和平靜，卻完全不可能。站在橋上，越過奔騰不息、沖激著巨石泛起白沫的格倫達桑河（Glendassan River），望向三十英尺高的圓塔，可以看見人們衝來衝去，處處都是觀光客。但我也是其中之一。聖凱文的朝聖者。看他們人手一機，不停拍照，高聲喧譁，從一座教堂衝向另一座，感覺不像是來尋求慰藉的；話雖如此，說不定所有人渴望的東西都與我相同。

這地方令我深深著迷，地衣和蕨類覆蓋著花崗岩結構，牆上長滿了金髮蘚

（polytrichum moss）和苔類植物（liverwort）。我們安步當車，發現一窪窪蝌蚪，駐足聆聽槲鶇在林間放聲高歌——上層是橡樹，下層則是冬青、榛樹與花楸，還有燦爛奪目的藍鈴、銀蓮和酸模（sorrel）。陽光閃耀，一片金綠，綴滿清晨的雨珠，我向內心遊走，過濾掉人聲和非自然的雜音，專注於四周的野生動植物。布拉妮撫摸著那些最好爬的樹的表皮，宛如置身天堂，她把臉貼在一根長滿青苔的枝幹上，堅稱能聽到心跳。從她眼中，我看得出她真的感覺到它。

繞行下湖一圈後，我們走上最長的波拉納斯瀑布（Poulanass Waterfall）步道，走到里福特教堂（Reefert Church）時，路上已沒有別人。一片靜寂中，我們沿階爬上巨岩嶙峋的山脊，邁向聖凱文的修道室——現在只剩地基：一圈突出地面的石塊。尚有一方花崗岩板，浮雕出一張臉的輪廓：低眉垂眼，鼻梁高挺，淡淡的微笑。我注意到上面還刻著一隻手和一隻鳥，毫無心理準備下，我激動不已。一隻烏鶇。我用手指在閃爍的石英上描那些形狀，就在那兒，石板的凸簷下方，有隻瓢蟲在休息。橘色的瓢蟲，在聖凱文的頭頂尋求庇護。

爸媽和弟妹繼續往上走向瀑布，我留在原處，背靠著石塊。眺望湖面，身體不住顫抖——那是水獺出現時的感受。我想到聖凱文和他漫長的旅程，從隱居到社群，從獨處到與人共處，他想必找到一個空間，既可讓自己學習，又能款待任何想親近的人。我好奇他如何在需要靜默與公眾工作間取得平衡，隨著愈來愈多人來到此地，他與天地自然，與石、風相伴的時光發生了什麼改變。

我伸出手，感覺風輕輕搔過。烏鶇可能永遠不會選擇在我掌中築巢產卵，但我知道我的手將永遠朝自然和人們伸出。因為我們並不獨立於自然之外。我們就是大自然。而若無社群，總是單打獨鬥，將更難分享想法和成長。我一向習慣把想法深鎖於心，待在只有我和家人的空間。但現在有了許多同心圓，透過數位線上世界，一圈圈往外漾開，傳入非常真實的，有倡議運動、社會行動和人際互動的世界。漣波持續蕩漾。我必須隨之漂浮迴旋，但總有需要退避的時候，回到我自己的基石。

春分來了又去，我即將過十五歲生日，介於少年和成年之間。一切都變了，一切都沒變。薛摩斯．黑倪的詩句[13]再度陪伴我：

凱文感覺到溫暖的鳥蛋，小小的胸膛，縮攏的
細緻頭顱和腳爪，發現自己被連進了
永生之網。

幾年前的春分，我們造訪位於弗馬納的波芙島[14]上的卡德拉墓園（Caldragh Graveyard）。一個幽謐之處，藏在湖岸後面，被群樹環抱。藍鈴花遍地盛開，有些被採來放在一尊基督教初期的雅努斯[15]神像上、石雕頭部的凹陷裡。雕像將近二千歲，兩個面孔都往前看，但朝不同方向，展現某種雙重性。這也是我那天的感受。當時我十三歲，各方面都很小，卻有宏大的想法。我把手放在石像上，感覺到先祖的轟轟吼聲。就像母親在責備你、警告你生命有危險時發出的聲音。迫切。懇求。當我把手貼上臉頰，便感覺到它的熱度。

在波芙島和格倫達洛，因著聖凱文的遺跡，我感到大門開啟，必須做出選擇，踏上旅程。我渴望花更多時間瞭解大自然的錯綜複雜，不要應付人際互動和糾紛。我嚮往這種單純，但也想跨出去，踏入世界，走出自己的路，不論那有多艱鉅和痛苦。大自然和我們，互相衝突，又禍福與共。

當我拋下聖凱文和烏鶇，跑去追上家人，一起走完格倫達洛的最後一段路時，閃耀的陽光籠罩我們，以隱形的線繩將我們連到大地。一條更長、更重的線將被投入世界。我的心房敞開。我準備好了。

譯注

1 Lagan towpath，位於貝爾法斯特的步道和自行車道，參見〈詞彙表〉「Lagan」條。

2 *Halcyon*，翠鳥的屬名，得自希臘女神Alcyone。根據神話，女神死後化為翠鳥，於地中海築巢孵卵，受諸神護佑，這段期間（冬至前後七日）總是風平浪靜，「翠鳥時光」（halcyon days）原指希臘每年此時平靜晴朗的天氣，後引申為太平歲月或回憶中的美好時光。

3 holloway，源自古英語「hola weg」，字面意義為「沉陷的道路」（sunken road），常見於土質較鬆軟的地區，多有數百年歷史，有些可追溯到鐵器時代，初為人車與動物的通道，許多還鋪有碎石，經過長年踩踏及水流等自然力侵蝕，逐漸形成低於兩側地面數公尺的塹道。

4 cairn，指史前墳塚，參見〈詞彙表〉。

5 尤爾節（Yule）是古異教徒慶祝太陽神重生的節日，並以亞瑟王代表太陽神，故稱亞瑟之光（Alban Arthan）；此節從冬至開始，為期十二日，後被基督教化而演變成現今的聖誕節。

6 德魯伊（Druid）本義為「通曉橡木者」，為古凱爾特社會的特殊階級，任僧侶、醫巫、先知、法官等重職。現代的德魯伊教徒依據文獻記載，致力恢復各種傳統儀式，在生態、森林重建與聖地維護等方面尤其活躍。

7 「開放世界」（open-world）指玩家可漫遊於某虛擬世界，自由選擇完成任務的時間和方式；「戰略遊戲」（strategy game）則指偏重思考與策略的遊戲。

8 Bodhrán，一種愛爾蘭手鼓，參見〈詞彙表〉。

9 白變症（leucism）的動物缺乏所有色素類型，眼睛通常呈藍或灰色，不同於只缺少黑色素、眼睛呈紅色的白化症（albinism）動物。

10 作者在四月八日提到勾馬康奈峰被他們視為自家的「遊樂場」，七月十三日則稱奇利基根自然保護區為「麥克阿納蒂禮拜堂」。

11 岩石露頭（rocky outcrop）為岩層露出地表的部分，突岩（tor）則是其中一種形態：表層風化物質被侵蝕及搬運後露出地面的大岩石，常兀立於圓頂山峰或山脊的緩坡上。

12 學名 *Cymbalaria muralis*，原文 ivy-leaved toadflax 為其英文俗名之一，字面意義是「常春藤葉柳穿魚」，得自下文描述的葉形和花形。

13 出自〈聖凱文與烏鶇〉(St Kevin and the Blackbird) 一詩。

14 Boa Island，位於厄恩湖近北岸，為湖中最大的島嶼，參見〈詞彙表〉。

15 Janus，羅馬神話中的門神，通常被描述成具有前後兩個面孔，展望過去和未來；有時亦呈現為四方四個面孔。卡德拉墓園的雅努斯神像為雙面，後腦相接處有凹陷。

詞彙表

banshee (BAN-SHEE) ***bean sidhe***

愛爾蘭語是「女妖」之意。報喪女妖被視為厄兆，會發出令人毛骨悚然的尖聲哭嚎。據傳說，若撞見老婦模樣的報喪女妖在湖邊清洗衣上的血跡，即預示撞見者或家人將死亡。

Beowulf (BAY-O-WOLF) ***Beowulf***

《貝奧武夫》被視為古英語文學極重要的作品，儘管確切的創作時間已不可考——現存手稿寫於十世紀末至十一世紀初。

binn (BEN) ***binn***

通行於愛爾蘭與蘇格蘭的蓋爾語（Gaelic），意為山峰，尤指巍峨者。通常以英語化的形式「Ben」出現，複數型為「Beanna」。參見「slieve」條。

Bláthnaid (BLAW-NID) ***Bláthnaid***

布拉妮，愛爾蘭語意為「盛開的花朵」，源自愛爾蘭語「Bláth」，意指「花」。

Boa Island (BO ISLAND) ***Inis Badhbha*** (IN-IS BAA-V)

波芙島。波芙（Badhbh）意指「小嘴烏鴉」（Carrion Crow），為凱爾特女戰神之名。波芙島位於厄恩湖（Lough Erne），地形狹長，以兩座橋與北愛爾蘭本土相接。

bodhrán (BOAR-ON) ***bodhrán***

巴蘭鼓，一種以山羊皮製作的愛爾蘭手鼓，常用於愛爾蘭傳統音樂。

bran (BRAAN) ***bran***

布蘭（在愛爾蘭語裡指「渡鴉」）和西奧蘭（Sceolan）同為愛爾蘭傳奇中芬恩・麥克庫爾（Fionn Mac Cumhaill）的獵狼犬。他們的母親荼倫（Tuiren）被女妖變成獵犬。

cairn (KARN) ***carn***

一種人造石堆，在愛爾蘭通常是史前墳塚。

callows (KALLOWS) ***caladh*** **(KALL'AH)**

源自愛爾蘭語「caladh」，這是一種出現在愛爾蘭，因季節性氾濫而形成的草澤溼地。

Caoimhín (KEE-VEEN) ***Caoimhín***

奎維恩，達拉（Dara）的中間名（英文作「Keviin」），是西元六世紀的一位重要愛爾蘭聖人，創立格倫達洛修道院（Glendalough Monastery），位於都柏林西南方四十英里。

cashel (CASH-ELL) ***cashel***
愛爾蘭語意為「城堡」，但通常指建於愛爾蘭鐵器時代早期的石砌環形堡壘。

Children of Lir (LEER) ***Oidhe Chlainne Lir***
李爾王的孩子，愛爾蘭神話中的悲劇故事。李爾（Lír）為愛爾蘭神祇，圖厄薩德達南（Tuatha Dé Danann）神族成員，娶阿伊菲（Aoife）為妻後，阿伊菲將他在前一段婚姻所生的子女變成黃嘴天鵝。

County Fermanagh (FUR-MAN-AH) ***Fir (or Fear) Manach***
弗馬納郡，位於北愛爾蘭西南部，郡名衍生自愛爾蘭語「Fir Manach」，即「馬納人」（Men of Manach）之意。它是北愛爾蘭最西之郡，毗鄰愛爾蘭共和國，也是歷史上阿爾斯特省（Ulster）轄下九郡之一。

Country Park / Forest Park / Nature Reserve
北愛爾蘭有七座公立郊野公園（Country Parks），由北愛爾蘭環境局（Northern Ireland Environment Agency，簡稱ＮＩＥＡ）管理，包括阿奇代爾堡郊野公園（Castle Archdale Country Park）及若干自然保護區。另有一些森林公園（Forest Parks）由北愛爾蘭林務處（Northern

Ireland Forest Service）管轄。

Crocknafeola (CROCK-NA-FOAL-A) ***Crock na feola***

克羅納佛拉，意為「肉丘」，莫恩山脈（Mourn Mountains）的一座森林小峰。

Cuilcagh Mountain (CULL-KEY) ***Binn Chuilceach***

庫卡山，意為「白堊峰」，因弗馬納的石灰岩地質而得名。

Dara (DA-RHA) ***Dara / Dáire***

達拉，有橡木、明智、豐饒等涵義，一般認為源自愛爾蘭語「Doire」（橡樹林），此名在愛爾蘭神話中十分常見。

Erne (ERR-N) ***Éirne / Érann***

厄恩，女神名；廣泛散布在愛爾蘭的「厄恩」（Érainn）族群即因她得名。同屬此族群者尚有弗馬納的馬納人，一個來自比利時的凱爾特部族。厄恩河開展成兩座大湖：上、下厄恩湖（Upper and Lower Lough Erne）。

Eimear (EE-MER) ***Eimear***

伊瑪，愛爾蘭女子名，意「迅疾」；傳說中阿爾斯特英雄戰士庫考林（Cuchulain）的妻子。

Enniskillen (ENNIS-KILL-IN) ***Inis Ceithleann***

恩尼斯基林，意為「凱瑟倫之島」。凱瑟倫（Ceithleann）是傳說中弗摩爾族（Fomorian）巨人巴羅爾（Balor）的妻子，據說在斯萊戈（Sligo）的莫伊圖拉（Moytura）戰役中，她讓圖厄薩德達南族的國王受到致命重傷，之後游到恩尼斯基林所在的島上尋求庇護。

Fianna (FEE-UH-NA) ***Na Fianna***

費奧納騎士團，被認為是愛爾蘭至高王（High King）的特種部隊，駐紮在米斯郡（County Meath）的古都塔拉（Tara）。

Finn McCool (FIN-MAC-COOL) ***Fionn Mac Cumhaill*** (FEE-YUN MAC-COOL)

芬恩・麥克庫爾，費奧納騎士團領袖，也是許多愛爾蘭傳奇的主角。

Fomorian (FORE-MORE-IAN) ***Fomhóire***

弗摩爾族，一個邪惡的種族，建都於多尼哥郡（County Donegal）的托里島（Tory Island）。他們奴役愛爾蘭人，與圖厄薩德達南族爭戰。

Glendalough (GLEN-DA-LOCH) ***Glendalough***

格倫達洛，意為「雙湖之谷」，位於都柏林西南方四十英里，威克洛山脈國家公園（Wicklow Mountains National Park）內。這座修道古城有多處遺址和圓塔，最早可追溯至第六世紀，愛爾蘭中世紀初期。創建者為聖凱文。

goldfinch (LAA-SEER COLL-YEH) ***lasair choille***
歐洲金翅雀，愛爾蘭語直譯為「森林之焰」。

inish (IN-ISH) ***inis***
愛爾蘭語對「島」的稱呼，有*inch*或*inse*等變體。經常英語化為Inish或Ennis，如Enniskillen（恩尼斯基林）或*Inis Ceithleann*（凱瑟倫之島）。

Isle of Inishglora (IN-ISH GLOR-RA) ***Inis Gluaire***
伊尼斯格洛拉島，愛爾蘭西岸的無人島，靠近梅奧郡（County Mayo）埃利斯（Erris）的穆雷半島（Mullet Peninsula）。達拉的曾祖母出生於埃利斯地區。

lagan (LAG-HAN) ***an lagáin***
指低窪地區的河流。拉甘河（River Lagan）是流經貝爾法斯特市（Belfast City）的主要河流——拉甘縴道（Lagan towpath）穿過貝爾法斯特城郊的樹林，是一條美麗的步道和自行車道。

lon dubh (LAWN DOO / DUV) ***lon dubh***
龍豆夫，愛爾蘭語的「烏鶇」。

Lorcan (LOR-CAN) ***Lorcan***
洛爾坎，愛爾蘭語意指「凶猛者」。

lough (LOCK) ***loch***
「lough」是愛爾蘭蓋爾語「loch」的英語化或英文寫法，意指「湖」。「lough」的使用通常僅限於愛爾蘭，並不延伸至英語化的蘇格蘭地名。

Lough Derravaragh (LOCK DERRA-VAR-OCH) ***Loch Dairbhreach***
德拉瓦拉湖，李爾王的孩子在這裡待了三百年，接著遷移到愛爾蘭和蘇格蘭之間的莫伊爾（Moyle）海峽，而後又在梅奧郡埃利斯和伊尼斯格洛拉島之間的愛爾蘭西部海域住了三百年。

Loughnabrickboy (LOCK-NA-BRICK-BOY) ***Loch na breac buí***
意思是「黃鱒湖」，位於弗馬納的大犬森林（Big Dog Forest）。

Mallacht (MALL-OCT) ***Mallacht***
瑪洛特，女巫名，意為「詛咒者」。芬恩．麥克庫爾和兩頭獵犬一路追著她穿過弗馬納，她在途中停下，將獵犬變成兩座石丘，後稱「大犬」（Big Dog）和「小犬」（Little Dog）（布蘭和西奧蘭）。

McAnulty (MAC-A-NULL-TEE) ***Mac An Ultaigh***

麥克阿納蒂，意思是「阿爾斯特人之子」。此氏族為麥克鄧萊維（Mac Donleavy）家族之一支。該家族以唐派翠克（Downpatrick）為首都，統治阿爾斯特王國，或稱烏勒德（Ulaid）王國，直到一一七七年被諾曼騎士約翰・德・庫西爵士（Sir John de Courcy）征服。

Mourne Mountains (MOURN) ***Múrna / Beanna Boirche***

莫恩山脈，唐郡（County Down）南部的花崗岩山脈，得名自十四世紀定居當地的愛爾蘭氏族莫恩（Múghdhorna，現代愛爾蘭語作Múrna）。亦稱「莫恩山群」（Mountains of Mourne），一八九六年被帕西・法蘭屈（Percy French）寫進一首歌，經唐・麥克林（Don McLean）等多位藝術家演唱而名聞遐邇。其較古老的名稱「柏卡群峰」(Beanna Boirche）據某些人說是得自西元三世紀為阿爾斯特國王照料牛群的神祕牧人柏卡（Boirche）。

Quoile (QU-OIL) ***An Caol***

科伊爾，意為「狹窄」，科伊爾河流經唐郡的唐派翠克鎮，兩岸皆劃為科伊爾自然保護區。英奇修道院（Inch Abbey）坐落在北岸，是前諾曼時期的凱爾特修道聚落。

Róisín (ROW-SHEEN) ***Róisín***

蘿芯，愛爾蘭人名，意為「小玫瑰」。

Samhain (SAH-WIN) ***Samhain***

薩溫節，源自異教的蓋爾節日，標誌著收穫季節結束，陰暗的冬日開始。歷史上蘇格蘭、愛爾蘭和曼島（Isle of Man）人都過這個節日，依傳統從十月三十一日慶祝到十一月一日，萬聖節則是它基督教化的結果。

Sceolan (SH-KYO-LAN) ***Sceolan***

西奧蘭，布蘭的同胞兄弟，芬恩．麥克庫爾的傳奇愛爾蘭獵狼犬之一。

scréachóg reilige (SCRA-OH-G RAIL-YA-GA) ***scréachóg reilige***

愛爾蘭語對「倉鴞」（Barn Owl）的稱呼，意思是「墓地的尖叫者」。

Sea of Moyle (MOY-ULL) ***Sruth na Maoile***

莫伊爾海，分隔蘇格蘭西南和北愛爾蘭的海峽，亦稱北海峽（North Channel）或愛爾蘭海峽（Irish Channel）。天氣晴朗時可望見對岸。最窄處約十二英里寬。Maoile是蓋爾語，意為「禿頂」，對應英語「Mull」（岬、海角），此指海峽蘇格蘭側、琴泰半島西南端的琴泰岬（Mull of Kintyre）。

slieve (SLEE-VE) ***sliabh***

愛爾蘭語有許多描述山的字彙，最常見的是「sliabh」，英語化為「slieve」，出現在愛爾蘭的山群或山脈名稱中，也用來稱呼山丘。參見binn條。

Slieve Donard (SLEEVE DONN-ARD) ***Sliabh Dónairt***
唐納德山，近二千八百英尺（八百五十公尺）高，宛如從海中升起，景致壯麗，為愛爾蘭十二大山之一，亦是北愛爾蘭最高峰。聖唐納德（Saint Dónairt）原為當地的異教國王與戰士，後成為聖派翠克（St Patrick）的信徒，隱居此山。

Slieve Muck (SLEEVE MUK) ***Sliabh Muc***
慕克山，莫恩山群之一，意為「豬山」或「野豬山」，北坡為北愛爾蘭最長河川班恩河（River Bann）發源地。

Slievenaslat (SHE-LEEVE-NA-SHLAT) ***Sliabh na slat***
納許拉山，位於卡索維蘭森林公園（Castlewellan Forest Park），意為「柳枝／荊條山」——該處仍有許多柳樹和榛樹叢，也許其枝條曾被拿來做編織、編籃等用途。

Stormont (STOR-MONT) ***Stormont***
斯托蒙特堡，位於貝爾法斯特，為北愛爾蘭分權政府的議會與行政部門所在，設立於一九九八年《耶穌受難日協定》（*Good Friday Agreement*）之後。

Tamnaharry (TAM-NA-HARRY) ***Tambnach an Choirthe***
譚納哈里，意思是「立石高原的空地」，位於唐郡紐里（Newry）的梅奧橋村（Mayobridge）附近。俯臨譚納哈里的丘頂上，有一塊醒目的立石，是古代遺留下來的巨石結構。達拉的曾祖父麥克阿納蒂在譚納哈里的農場被撫養長大。

uaigneas (OO-IG-NUSS) ***uaigneas***
很難直譯成英文，但可表達「孤寂感、陰森詭異的氣氛」之意。

致謝辭

衷心感謝我的家人，給予我堅定不移、毫無保留的愛與支持。感謝你們給我翅膀，讓我依自己的方向和節奏飛行。你們的耐性、犧牲、幽默和冒險精神讓我能成長茁壯，自在翱翔。希望有朝一日能回報大家——媽媽、爸爸、洛爾坎、布拉妮和蘿西。你們是最棒的！

感謝小溪出版社（Little Toller）的亞德里安（Adrian）沒有在編輯過程將我的聲音「成人化」，感謝你撫平我的稜角，給我這個自閉症少年講述自己故事的機會，儘管它無禮生澀，充滿孩子氣的驚奇。葛蕾西（Gracie）、葛拉罕（Graham）和瓊恩（Jon），與你們共事使我明白自己的不足而學會謙卑，也讓我迎接挑戰而腎上腺素飆升。感謝莉莉（Lily）和盧卡（Luca）對父母的愛與支持——更感謝盧卡在最後關頭的校對神技！希望我們能再度一起冒險。

感謝東尼．史密斯（Tony Smith），我了不起的童軍團長與朋友，讓我明白我可以突破限制，跳脫舒適圈並嘗試「困難的事」——然後慶祝成功！我們的童軍野營是最美好的童年回憶；在樹木繁茂的採石場峭壁頂吃酢漿草，划獨木舟，漫步聊天——這些經驗造就了我。雖然書中未提到這些記憶，它們卻是此書存在的主要理由。

伊瑪・魯尼博士和肯德魯・科琿博士，卓越的鳥類學家，你們的指導和專業學識並未打消我對猛禽的癡迷——所以你們擺脫不了我了。抱歉！

克里斯・帕克漢，感謝你的友誼與耐心，還當我的回聲板，接收並反映我的青春憂慮。你灌溉我的根，給我生長的信心。感謝你對自然界的堅毅奉獻，並提高所有少年博物學家和運動者的聲量。（我就此打住，免得你開始恨我！）

羅伯特・麥克法倫，感謝你的驅魔石、文學建議和堅定支持、熱心與鼓勵。打從一開始，你便積極擁護我書寫、發聲。你是一位紳士學者（這是愛爾蘭島上的至高讚美）。

我在學校的朋友和社群——你們將我的世界轉向正軸。我可能經常失速失控，但你們的重力總能使我精神平穩下來。

感謝下列這些組織提供管道與協助，使我能為自然界登高疾呼：北愛爾蘭猛禽研究會、阿爾斯特野生動植物協會（Ulster Wildlife，草根挑戰〔The Grassroots Challenge〕）、英國皇家鳥類保護協會、#IWILL運動（#IWILL campaign）、光明遠景（Our Bright Future）與國民信託組織。希望我們能繼續合作，創造更美好的世界——我會繼續支持你們，貢獻一己之力。

致自然：我的源頭、根柢、節奏和驅動力。我的庇蔭。我的盾與劍。

達拉・麥克阿納蒂

唐郡，二〇二〇

Literati

春山文藝 022

一位年輕博物學家的日記

Diary of a Young Naturalist

作者　達拉・麥克阿納蒂 Dara McAnulty
譯者　楊雅婷
總編輯　莊瑞琳
行銷企畫　甘彩蓉
封面設計　廖　韡
內頁排版　張瑜卿
名詞審訂　林大利・胡嘉穎・顏聖紘

出版　春山出版有限公司
地址　116臺北市文山區羅斯福路六段297號10樓
電話　(02) 2931-8171
傳真　(02) 8663-8233

總經銷　時報文化出版企業股份有限公司
地址　桃園市龜山區萬壽路二段351號
電話　(02) 2906-6842

製版　瑞豐電腦製版印刷股份有限公司
初版　2021年12月
定價　400元

國家圖書館出版品預行編目（CIP）資料

一位年輕自然學家的日記
達拉.麥克阿納蒂（Dara McAnulty）著；楊雅婷譯
一初版．一臺北市：春山出版有限公司，2021.12
一面；公分．一（春山文藝；22）
譯自：Diary of a young naturalist.
ISBN 978-626-95242-5-9（平裝）

1.麥克阿納蒂 (McAnulty, Dara) 2.自閉症 3.傳記 4.英國

784.18　　110019153

春山出版　填寫本書線上回函

EMAIL SpringHillPublishing@gmail.com
FACEBOOK www.facebook.com/springhillpublishing/